Fundamentos de direito
constitucional

volume 1

Central de Qualidade — FGV Management
ouvidoria@fgv.br

SÉRIE DIREITO DO ESTADO E DA REGULAÇÃO

Fundamentos de direito constitucional

volume 1

Joaquim Falcão
Sérgio Guerra
Rafael Almeida

Organizadores

Copyright © 2013 Joaquim Falcão; Sérgio Guerra; Rafael Almeida

Direitos desta edição reservados à
EDITORA FGV
Rua Jornalista Orlando Dantas, 37
22231-010 | Rio de Janeiro, RJ | Brasil
Tels.: 0800-021-7777 | 21-3799-4427
Fax: 21-3799-4430
editora@fgv.br | pedidoseditora@fgv.br
www.fgv.br/editora

Impresso no Brasil | *Printed in Brazil*

Todos os direitos reservados. A reprodução não autorizada desta publicação, no todo ou em parte, constitui violação do copyright (Lei nº 9.610/98).

Os conceitos emitidos neste livro são de inteira responsabilidade dos autores.

1ª edição — 2013

Preparação de originais: Sandra Frank
Editoração eletrônica: FA Studio
Revisão: Aleidis de Beltran | Sandro Gomes dos Santos
Capa: aspecto:design

Ficha catalográfica elaborada pela
Biblioteca Mario Henrique Simonsen/FGV

Fundamentos de direito constitucional (v. 1) / Organizadores: Joaquim Falcão, Sérgio Guerra, Rafael Almeida. — Rio de Janeiro: Editora FGV, 2013.
2 v. – (Direito do Estado e da Regulação (FGV Management))

Publicações FGV Management.
Inclui bibliografia.
ISBN: 978-85-225-1299-7 (v. 1), 978-85-225-1300-0 (v. 2)

1. Direito constitucional. I. Falcão, Joaquim, 1943- . II. Guerra, Sérgio, 1964- . III. Almeida, Rafael. IV. Fundação Getulio Vargas. V. FGV Management. VI. Série.

CDD — 341.2

Nossa missão é construir uma Escola de Direito referência no Brasil em carreiras públicas e direito empresarial, formando lideranças para pensar o Brasil a longo prazo e ser referência no ensino e na pesquisa jurídica para auxiliar o desenvolvimento e avanço do país.

FGV Direito Rio

Sumário

Apresentação   11

Introdução   13

1 | Interpretação constitucional. Princípios constitucionais. Ponderação, proporcionalidade, razoabilidade   15

Roteiro de estudo   15
   Introdução   15
   Hermenêutica clássica   16
   Critérios clássicos de interpretação   19
   Pressupostos da hermenêutica constitucional no Brasil   23
   Hermenêutica constitucional no Brasil e seus princípios   25
   O argumento das capacidades institucionais   33
   Teoria dos princípios   35
   Distinção entre princípios e regras   36
   Colisões constitucionais e ponderação de interesses   39

Princípios da proporcionalidade
e da razoabilidade   41

Questões de automonitoramento   49

2 | Direitos fundamentais (I). Regime constitucional dos direitos fundamentais. A vinculação dos particulares aos direitos fundamentais. Colisão de direitos fundamentais. A internacionalização dos direitos fundamentais e os tratados internacionais   51

Roteiro de estudo   51

Trajetória histórica dos direitos fundamentais   51
Regime constitucional dos direitos fundamentais   58
Características dos direitos fundamentais   61
A vinculação dos particulares aos direitos
   fundamentais   67
A internacionalização dos direitos fundamentais
   e os tratados internacionais   75

Questões de automonitoramento   84

3 | Direitos fundamentais (II). Os direitos fundamentais sociais e sua eficácia jurídica. Proteção ao mínimo existencial, reserva do possível e princípio da proibição do retrocesso   85

Roteiro de estudo   85

Trajetória e contextualização dos direitos sociais   85
Eficácia jurídica dos direitos sociais   89
Proteção ao mínimo existencial   92
Reserva do possível   98
Princípio da vedação ao retrocesso social   104
O direito à educação   112
O direito à saúde   116

Questões de automonitoramento   120

4 | Sugestões de casos geradores   121

Interpretação constitucional. Princípios constitucionais. Ponderação, proporcionalidade, razoabilidade (cap. 1)   121

Direitos fundamentais (I). Regime constitucional dos direitos fundamentais. A vinculação dos particulares aos direitos fundamentais. Colisão de direitos fundamentais. A internacionalização dos direitos fundamentais e os tratados internacionais (cap. 2)   124

Direitos fundamentais (II). Os direitos fundamentais sociais e sua eficácia jurídica. Proteção ao mínimo existencial, reserva do possível e princípio da proibição do retrocesso (cap. 3)   127

Conclusão   131

Referências   133

Organizadores   151

Colaboradores   153

Apresentação

Aliada à credibilidade de mais de meio século de excelência no ensino de economia, administração e outras disciplinas ligadas à atuação pública e privada, a Escola de Direito do Rio de Janeiro da Fundação Getulio Vargas — FGV Direito Rio — iniciou suas atividades em julho de 2002. A criação desta nova escola é uma estratégia da FGV para oferecer ao país um novo modelo de ensino jurídico capaz de formar lideranças de destaque na advocacia e nas carreiras públicas.

A FGV Direito Rio desenvolveu um cuidadoso plano pedagógico para seu Programa de Educação Continuada, contemplando cursos de pós-graduação e de extensão. O programa surge como valorosa resposta à crise do ensino jurídico observada no Brasil nas últimas décadas, que se expressa pela incompatibilidade entre as práticas tradicionais de ensino do direito e as demandas de uma sociedade desenvolvida.

Em seu plano, a FGV Direito Rio assume o papel de formar profissionais preparados para atender às reais necessidades e expectativas da sociedade brasileira em tempos de globalização. Seus cursos reforçam o comprometimento da escola em inserir no mercado profissionais de direito capazes de lidar com áreas interdisciplinares, dotados de uma visão ampla das questões jurídicas e com sólidas bases acadêmica e prática.

A Série Fundamentos de Direito Constitucional é um importante instrumento para difusão do pensamento e do tratamento dado às modernas teses e questões discutidas nas salas de aula dos cursos de MBA e de pós-graduação, focados no direito público, desenvolvidos pela FGV Direito Rio.

Desta forma, esperamos oferecer a estudantes e advogados um material de estudo que possa efetivamente contribuir com seu cotidiano profissional.

Introdução

Este volume, dedicado ao estudo de fundamentos de direito constitucional, tem origem em profunda pesquisa e sistemática consolidação dos materiais de aula acerca de temas que despertam crescente interesse no meio jurídico e reclamam mais atenção dos estudiosos do direito. A intenção da Escola de Direito do Rio de Janeiro da Fundação Getulio Vargas é tratar de questões atuais sobre o tema, aliando a dogmática e a pragmática jurídicas.

A obra trata, de forma didática e clara, dos conceitos e princípios de fundamentos de direito constitucional, analisando as questões em face das condições econômicas do desenvolvimento do país e das discussões recentes sobre o processo de reforma do Estado.

O material aqui apresentado abrangerá assuntos relevantes, como:

❏ interpretação constitucional; princípios constitucionais; ponderação, proporcionalidade, razoabilidade;
❏ direitos fundamentais (I), regime constitucional dos direitos fundamentais, a vinculação dos particulares aos direitos

fundamentais, colisão de direitos fundamentais, a internacionalização dos direitos fundamentais e os tratados internacionais;
❏ direitos fundamentais (II), os direitos fundamentais sociais e sua eficácia jurídica, proteção ao mínimo existencial, reserva do possível e princípio da proibição do retrocesso.

Em conformidade com a metodologia da FGV Direito Rio, cada capítulo conta com o estudo de *leading cases* para auxiliar na compreensão dos temas. Com ênfase em casos práticos, pretendemos oferecer uma análise dinâmica e crítica das normas vigentes e sua interpretação.

Esperamos, assim, fornecer o instrumental técnico-jurídico para os profissionais com atuação ou interesse na área, visando fomentar a proposição de soluções criativas para problemas normalmente enfrentados.

1 | Interpretação constitucional. Princípios constitucionais. Ponderação, proporcionalidade, razoabilidade

Roteiro de estudo

Introdução

A origem do termo "hermenêutica" nos remete à mitologia grega. O semideus Hermes, filho de Zeus, era o mensageiro dos deuses, pois podia transitar livremente entre o Olimpo e o mundo dos mortais. Responsável pela transmissão das mensagens divinas, Hermes passou a ser considerado um grande sábio em razão de suas habilidades de *interpretar* as informações que transportava entre os diferentes mundos.[1] Assim, ficou batizada de "hermenêutica" a atividade intelectual de *interpretação* de mensagens e discursos normativos.

No âmbito do direito, essa atividade assume características específicas. Daí por que falar em "hermenêutica jurídica"

---

[1] Para uma exposição pormenorizada acerca do personagem Hermes na mitologia grega e do seu papel para a criação da hermenêutica, confira-se: BRANDÃO, Junito de Souza. *Mitologia grega*. Petrópolis: Vozes, 1987. v. 2.

como espécie do gênero "hermenêutica". Desse modo, se por "hermenêutica" entendemos a atividade interpretativa – isto é, *atividade de atribuição de sentido* – a discursos normativos, a "hermenêutica jurídica" pode ser definida como a atividade de interpretar *discursos normativos jurídicos*.[2]

Hermenêutica clássica

A hermenêutica jurídica clássica surge ainda no século XIX, através das contribuições da chamada "escola da exegese". Tal escola hermenêutica desenvolveu-se sob a influência do liberalismo e em meio ao movimento das grandes codificações. Por um lado, portanto, suas ideias tinham como fundamento os pressupostos modernos acerca do *homem* (pressupostos antropológicos), da *realidade* (pressupostos ontológicos) e da maneira pela qual o homem pode *conhecer a realidade* (pressupostos epistemológicos), refletindo, assim, uma aspiração à racionalidade do conhecimento do direito inspirada pelo modelo das ciências naturais e exatas. Por outro, traziam consigo a aspiração de consolidar as conquistas revolucionárias por meio da positivação de um direito natural racional que legitimou a derrubada do absolutismo monárquico. Promoveu-se, assim, uma concentração da produção normativa no bojo do Legislativo. Aos juízes, que, no regime absolutista, eram apontados pelo monarca e não contavam com a confiança da população,

---

[2] Importante ressaltar, desde já, a diferenciação entre norma e texto/enunciado/discurso normativo: enquanto a norma consiste no resultado da interpretação (o comando interpretado), o texto representa a exteriorização concreta da norma (é o caminho para chegar à norma). Assim, é possível a existência de norma sem texto (*exempli gratia*, o direito fundamental a alimentos), a existência de texto de lei sem norma (*exempli gratia*, art. 242, §2º, da CRFB), bem como é viável que de vários dispositivos se extraia uma norma e que de um dispositivo se extraiam várias normas.

relegou-se a função de aplicar "mecanicamente" a vontade do legislador aos casos concretos.

Nesse sentido, como características principais do movimento hermenêutico fundado pela escola de exegese podem ser mencionadas: (a) caráter racionalista; (b) noção de sistema jurídico estático; (c) vinculação total do aplicador aos textos normativos; (d) compreensão de que a interpretação consiste em ato unicamente cognitivo; (e) ideia de que o sentido do texto normativo deveria ser extraído das suas origens; (f) separação entre política e direito; (g) distinção entre vontade e razão; (h) papel passivo dos magistrados;[3] e (i) ênfase nos princípios da legalidade e da segurança jurídica.

Posteriormente, liderada por Friedrich Carl von Savigny, a chamada "escola histórica do direito" passou a sustentar que "o direito não era produto da razão, mas antes produto da história; variava, portanto, de acordo com o tempo e o lugar".[4] Consequência dessa afirmação é a negação da existência de um direito natural racional, independente das particularidades históricas de cada sociedade e imutável no tempo.[5] Outra consequência específica para a hermenêutica jurídica é o reconhecimento de

---

[3] Assim, reproduzia-se na teoria do direito a famosa formulação de Montesquieu, que concebia a figura dos juízes estritamente na forma de "boca da lei": "os juízes de uma nação não são, […], mais que a boca que pronuncia as sentenças da lei, seres inanimados que não podem moderar nem sua força nem seu rigor". MONTESQUIEU, Charles. *Do espírito das leis.* São Paulo: Abril Cultural, 1973. p. 160.

[4] SAVIGNY, Friedrich Carl von. Los fundamentos de la ciencia jurídica. In: ____. *La ciencia del derecho,* s.t. Buenos Aires: Losada: 1949 apud SOUZA NETO, Cláudio Pereira de. *Jurisdição constitucional, democracia e racionalidade prática.* Rio de Janeiro: Renovar, 2002. p. 87-88.

[5] Sobre as críticas ao direito natural desenvolvidas pela escola histórica do direito e pelo movimento filosófico-cultural que lhe serve de base, o historicismo, cf. BOBBIO, Norberto. *O positivismo jurídico*: lições de filosofia do direito. Trad. e notas de Márcio Pugliesi, Edson Bini e Carlos E. Rodrigues. São Paulo: Ícone, 2006. p. 45 e segs. Importante registrar, entretanto, que, a despeito da forte crítica ao jusnaturalismo e seus postulados, a escola histórica não se confunde com o positivismo jurídico, tendo a primeira apenas preparado o segundo com suas críticas ao direito natural (BOBBIO, Norberto. *O positivismo jurídico,* 2006, op. cit., p. 45).

que a aplicação dos textos normativos jurídicos demanda o exercício prévio de atividade interpretativa capaz de contextualizar e atualizar a "vontade do legislador" histórico. A Friedrich Carl von Savigny é atribuída a elaboração dos chamados "critérios clássicos de interpretação jurídica" (gramatical, histórico, teleológico e sistemático), ainda utilizados pelos operadores do direito e que serão analisados na próxima seção.

Nos anos 1930, Hans Kelsen inicia o projeto de elaboração de uma teoria do direito que, sem recorrer ao jusnaturalismo, fosse capaz de identificar o direito vigente em cada país e explicar seu funcionamento independentemente dos particularismos de cada sociedade. Seu objetivo era desenvolver um método de análise do direito positivo voltado para a especificidade de seu objeto e, desse modo, protegido contra as interferências de outros campos do conhecimento não dedicados à identificação e explicação das normas jurídicas.[6]

Segundo a teoria elaborada pelo autor austríaco, o critério-chave para identificar uma "norma jurídica" e para responder à pergunta sobre o fundamento do dever de obediência a tal norma decorre da ideia de uma *cadeia de validade* (ou "cadeia de autorizações normativas"). Possuem *validade* – isto é, existem e são juridicamente obrigatórias – as normas jurídicas produzidas pela autoridade competente para tanto, de acordo com os procedimentos estabelecidos para o desempenho dessa atividade.

É a partir dessa ideia que Hans Kelsen concebe o ordenamento jurídico como um sistema escalonado de normas, no qual o fundamento de validade de qualquer norma deriva daquela que lhe é imediatamente superior. A norma suprema

---

[6] Daí por que servir a expressão "teoria pura do direito" não apenas como título de sua obra mais conhecida, como também de seu ambicioso projeto teórico. Ver a respeito: KELSEN, Hans. *Teoria pura do direito*. 7. ed. São Paulo: Martins Fontes, 2006; SGARBI, Adrian. *Clássicos de teoria do direito*. Rio de Janeiro: Lumen Juris, 2006. p. 31-64.

de um ordenamento jurídico, da qual todas as demais retiram o fundamento de sua validade, é a Constituição.

Importante contribuição da teoria de Hans Kelsen para a hermenêutica jurídica diz respeito ao reconhecimento, nas decisões judiciais, não apenas de uma *atividade cognitiva* por parte do aplicador dos textos normativos, mas também de um elemento de *vontade*. Partindo da Constituição e percorrendo a cadeia de autorizações normativas, o intérprete seria capaz de, por meio de atividade unicamente cognitiva, apontar uma moldura de possibilidades semânticas de um texto normativo jurídico qualquer. Uma vez delimitada essa moldura, caberia ao decisor desempenhar um ato de vontade e escolher uma entre as alternativas juridicamente possíveis. Em outras palavras, a decisão judicial é, para Hans Kelsen, tanto ato de conhecimento como ato de vontade.

Critérios clássicos de interpretação

Critério literal ou gramatical

Busca esclarecer o sentido do texto normativo jurídico a partir de suas características ortográficas, morfológicas e sintáticas. O texto representa, ao mesmo tempo, o ponto de partida e o limite da atividade interpretativa. Exemplo: o art. 226 da CRFB/1988[7] apresenta a expressão "família". Ora, o que significa "família"? Segundo uma noção restritiva, a expressão corresponderia somente a união entre homem e mulher (§3º);[8] já de acordo com uma noção ampliativa, poder-se-ia abarcar a união homoafetiva como entidade familiar a ser protegida pelo

---
[7] Art. 226. "A família, base da sociedade, tem especial proteção do Estado."
[8] §3º. "Para efeito da proteção do Estado, é reconhecida a união estável entre o homem e a mulher como entidade familiar, devendo a lei facilitar sua conversão em casamento."

Estado, tendo em vista que o §4º do mesmo artigo[9] reconhece outros tipos de entidades familiares. Tramita no STF uma ADI (ajuizada como ADPF e convertida em ADI pelo princípio da fungibilidade) que pleiteia que o art. 1.723 do Código Civil[10] seja declarado inconstitucional, vez que só reconhece a união estável entre homem e mulher, sendo dissonante da CRFB/1988.

Critério histórico

Dois tipos de argumento são normalmente associados ao critério histórico de interpretação. No primeiro, sustenta-se que, ao interpretar-se um texto normativo jurídico, é preciso buscar subsídios para sua compreensão no momento em que ele foi positivado em forma de artigo de lei ou de Constituição, *exempli gratia*, investigando-se os debates de uma Assembleia Constituinte. Porém, nem sempre é fácil extrair uma vontade comum do corpo constituinte. Exemplo: o caso das discussões acerca da inclusão do CD-ROM na categoria de imunidade tributária referente aos livros (art. 150, VI, "d" da CRFB).[11] Se utilizarmos o elemento histórico, considerando ser o livro eletrônico a mais moderna forma de livro, inexistente ao tempo da promulgação da Constituição, ou pelo menos de existência ainda não significativa àquela época, e que fatalmente substituirá a versão de papel, inevitavelmente concluiremos estar ele também abrangido pela

---

[9] §4º. "Entende-se, também, como entidade familiar a comunidade formada por qualquer dos pais e seus descendentes."
[10] Art. 1.723. "É reconhecida como entidade familiar a união estável entre o homem e a mulher, configurada na convivência pública, contínua e duradoura e estabelecida com o objetivo de constituição de família."
[11] CRFB/1988, art. 150. "Sem prejuízo de outras garantias asseguradas ao contribuinte, é vedado à União, aos Estados, ao Distrito Federal e aos Municípios: [...] VI. instituir impostos sobre: [...] d) livros, jornais, periódicos e o papel destinado a sua impressão."

imunidade.[12] O outro tipo de argumento associado ao critério histórico diz respeito à ideia da necessidade de contextualização e adaptação da interpretação do texto normativo às particularidades de cada momento da história de uma sociedade. Nesse sentido, o intérprete deve atribuir sentido a um texto normativo não por reconstrução da vontade do legislador original, mas a partir das circunstâncias sociais do momento histórico por ele vivido. Um bom exemplo de tal modo interpretativo pode ser visualizado no julgamento da ADPF nº 153-DF (Lei de Anistia), donde se pode extrair entendimento jurisprudencial da lavra do ministro Celso de Mello:[13]

> É certo que se mostra relativo, sob a perspectiva da interpretação jurídica, o método hermenêutico que se apoia no exame dos debates parlamentares. Na realidade, o argumento histórico, no processo de interpretação, não se reveste de natureza absoluta nem traduz fator preponderante na definição do sentido e do alcance das cláusulas inscritas no texto da Constituição e das leis. Esse método hermenêutico, contudo, qualifica-se como expressivo elemento de útil indagação das circunstâncias que motivaram a elaboração de determinado texto normativo inscrito na Constituição ou nas leis, permitindo o conhecimento das razões que levaram o legislador a acolher ou a rejeitar as propostas submetidas ao exame do Poder Legislativo, tal como assinala o magistério da doutrina [...] Daí a importância, para fins de exegese, da análise dos debates parlamentares, cujo conhecimento poderá orientar o julgador no processo de interpretação jurídica, ainda que esse critério hermenêutico não ostente, como já acentuado, valor preponderante nem repre-

---

[12] MACHADO, Hugo de Brito; MACHADO SEGUNDO, Hugo de Brito. Imunidade tributária do livro eletrônico. *Jus Navigandi*, Teresina, ano 4, n. 38, jan. 2000. Disponível em: <http://jus2.uol.com.br/doutrina/texto.asp?id=1809>. Acesso em: 8 set. 2010.
[13] *Informativo STF*, n. 588, 24-28 maio 2010.

sente fator que vincule o juiz no desempenho de suas funções. Destaco, por isso mesmo, como elemento de útil compreensão das circunstâncias históricas e políticas do momento em que se elaborou a Lei de Anistia, fragmentos de manifestação de um grande Senador da República a propósito desse tema.

Critério sistemático

Entender o ordenamento jurídico como um sistema significa assumir que os textos normativos que o compõem devem ser interpretados uns às luzes dos outros, como partes que integram um todo ordenado segundo a ideia de unidade. Exemplo: o art. 5º, *caput* e inciso XXII da CRFB garantem o direito de propriedade, mas este deve ser sempre considerado à luz de outras importantes disposições constitucionais, tais como o art. 5º, inciso XXIII (função social da propriedade), o art. 6º (direito à moradia), o art. 1º, inciso III (dignidade da pessoa humana), entre outros.

Retornando ao exemplo da imunidade tributária ao livro eletrônico, se guiados pelo elemento sistêmico, verificaremos que a regra imunizante deve estar em sintonia com as demais normas da Constituição, especialmente com aquelas que consagram os direitos e garantias fundamentais, vetores da interpretação de qualquer norma de nosso ordenamento. E, assim, inevitável será a conclusão de que a interpretação abrangente da norma imunizante é a única forma de preservar tais garantias fundamentais.[14]

Critério teleológico

Determina a busca dos fins (objetivos) do texto normativo jurídico para esclarecer seus limites e sentidos. Exemplo: art.

---

[14] MACHADO, Hugo de Brito; MACHADO SEGUNDO, Hugo de Brito. "Imunidade tributária do livro eletrônico", 2000, op. cit.

173 da CRFB. Uma vez que seu objetivo é evitar a concessão de benefícios estatais e garantir a impessoalidade na administração pública, tem-se claro que, *exempli gratia*, a Petrobras tem a obrigação de realizar concursos públicos para o preenchimento de seus quadros.

Aproveitando-se, ainda, o amplo exemplo do livro eletrônico, também se pode aplicar o critério teleológico em sua interpretação, no sentido de que, atentando para a finalidade da norma imunizante, conclui-se que esta deve abranger, inclusive, outros meios de difusão do pensamento, e não apenas o livro eletrônico, sob pena de ser tal norma amesquinhada por uma forma de esclerose precoce que em breve a invalidará.[15]

Pressupostos da hermenêutica constitucional no Brasil

Pós-positivismo

Não é exagero afirmar que o positivismo jurídico pode ser considerado a teoria do direito mais influente do século XX. Justamente por isso, foi também alvo de ataques a partir de diferentes frentes. Especialmente após a II Guerra Mundial, passou-se a defender a reconciliação entre direito e moral no âmbito do conhecimento jurídico.[16] A relativização do paradigma de racionalidade das ciências naturais e exatas, promovida, entre outros fatores, pelo que se convencionou chamar de "virada

---

[15] MACHADO, Hugo de Brito; MACHADO SEGUNDO, Hugo de Brito. "Imunidade tributária do livro eletrônico" 2000, op. cit.

[16] Nessa linha, situam-se, respectivamente, os estudos de Gustav Radbruch, Karl Larenz e Claus Wilhelm Canaris. Posteriormente, dotado de inspiração heideggeriana, Hans Georg Gadamer sustenta que, por estar sempre inserido em certa tradição, o intérprete sempre possui uma pré-compreensão acerca dos fenômenos normativos a serem interpretados. A crítica dirigida a Gadamer fundamenta-se numa "moralidade crítica", que envolve a ideia de que a hermenêutica não pode abrir mão de criticar a tradição e os valores da sociedade.

pragmático-linguística" abriu espaço para o desenvolvimento de teorias do direito que resgatavam o papel da moral e da ética na análise jurídica. A esse movimento, que engloba propostas teóricas distintas, mas que têm em comum a crítica aos principais postulados do positivismo jurídico, deu-se o nome de "pós-positivismo".[17]

No meio jurídico brasileiro, é possível resumir as ideias mais influentes incorporadas das correntes pós-positivistas, como se segue: (i) reconexão entre direito e moral através da normatização dos princípios; (ii) resgate da ideia de racionalidade prática; (iii) preocupação com o controle dos atos dos intérpretes, especialmente através de elementos como a argumentação jurídica, a coerência, a criação de *standard* e o uso das razões públicas; e (iv) o intento de garantia da segurança jurídica (previsibilidade de decisões) através da lógica do estado de direito e do respeito às leis produzidas democraticamente no Parlamento.

Normatividade da Constituição

Ponto fundamental para o desenvolvimento da hermenêutica constitucional foi o reconhecimento da normatividade do texto constitucional. A partir dessa ideia, a Constituição como um todo passou a ser considerada norma jurídica e não mera exortação ao legislador ou às forças políticas de determinado Estado. E, como toda norma jurídica, as normas constitucionais deveriam produzir efeitos, imediatos ou mediatos, na realidade.

---

[17] Sobre o tema, confira: MAIA, Antonio Cavalcanti; NETO, Cláudio Pereira de Souza. Os princípios de direito e as perspectivas de Perelman, Dworkin e Alexy. In: FILHO, Firly Nascimento; GUERRA, Isabella Franco; PEIXINHO, Manoel Messias (Org.). *Os princípios da Constituição de 1988*. Rio de Janeiro: Lumen Juris, 2001. p. 57-97. Cf. também BONAVIDES, Paulo. *Curso de direito constitucional*. 14. ed. rev. e atual. São Paulo: Malheiros, 2004.

Para que a Constituição como norma fosse aplicada, porém, era necessário, primeiro, interpretar o texto constitucional.

Hermenêutica constitucional no Brasil e seus princípios

Com a ascensão da Constituição à posição de elemento central e supremo do ordenamento jurídico e com o reconhecimento de sua força normativa,[18] os dispositivos constitucionais passaram a ser também objeto da hermenêutica jurídica. Contudo, em razão de características supostamente peculiares do texto constitucional, defendeu-se o desenvolvimento de um novo método de interpretação jurídica, diferente dos métodos clássicos e com princípios próprios. Entre as peculiaridades do texto constitucional que justificariam falar-se de uma "hermenêutica constitucional" como subespécie da "hermenêutica jurídica" têm sido normalmente mencionadas: (a) a superioridade hierárquica das normas constitucionais; (b) o maior grau de abertura e abstração da linguagem empregada no texto constitucional; (c) o conteúdo específico da Constituição, composto não apenas por normas definidoras de direito, como também por normas de organização e normas programáticas; e (d) o caráter político do texto constitucional.[19]

O elenco básico dos princípios de interpretação constitucional normalmente apresentado pela doutrina brasileira é descrito a seguir.[20]

---

[18] Ver a respeito: HESSE, Konrad. *A força normativa da constituição*. Trad. Gilmar F. Mendes. Porto Alegre: Safe, 1991.
[19] Ver a respeito: BARROSO, Luís Roberto. *Interpretação e aplicação da Constituição*. 5. ed. rev., atual. e ampl. São Paulo: Saraiva, 2003b. p. 107-112.
[20] Cf. classificação de Luís Roberto Barroso e Ana Paula de Barcellos (BARROSO, Luís Roberto; BARCELLOS, Ana Paula. O começo da história: a nova interpretação constitucional e o papel dos princípios no direito brasileiro. In: BARROSO, Luís Roberto (Org.). *A nova interpretação constitucional*: ponderação, direitos fundamentais e relações privadas. Rio de Janeiro: Renovar, 2003. p. 327-378). Em tal obra, encontra-se uma

Princípio da supremacia da Constituição

A Constituição possui superioridade hierárquica em relação aos demais documentos normativos do ordenamento jurídico e consiste na diretriz para a interpretação dos mesmos. Assim, havendo conflito entre a Constituição e a lei, aquela deve sempre prevalecer. Do ponto de vista material, o princípio implica a força irradiante da Constituição responsável pela chamada "constitucionalização do ordenamento jurídico".[21] Já pelo prisma formal, este princípio tem como pressuposto a rigidez da Constituição, sendo a jurisdição constitucional um importante mecanismo de controle e afirmação da supremacia da Constituição. Exemplo: o STF aplicou o princípio da supremacia da constituição com brilhante lição acerca deste tipo de interpretação na ADI nº 248:[22]

> A partir da Constituição de 1988, a imprescindibilidade do certame público não mais se limita à hipótese singular da primeira investidura em cargos, funções ou empregos públicos,

---

exposição sistemática desses novos princípios e suas potencialidades em face dos desafios *da nova interpretação constitucional*. Cumpre destacar, ainda, que parte da doutrina não considera a presunção de constitucionalidade das leis como princípio.

[21] Segundo Ricardo Guastini, "acogiendo una sugerencia de Louis Favoreu, por 'constitucionalización del ordenamiento jurídico' propongo entender un proceso de transformación de un ordenamiento al término del cual el ordenamiento en cuestión resulta totalmente 'impregnado' por las normas constitucionales. Un ordenamiento jurídico constitucionalizado se caracteriza por una Constitución extremadamente invasora, entrometida (pervasiva, invadente), capaz de condicionar tanto la legislación como la jurisprudencia y el estilo doctrinal, la acción de los actores políticos, así como las relaciones sociales". Entretanto, para que tal fenômeno ocorra de fato é necessário que algumas condições sejam observadas, chamadas pelo autor italiano de "condições de constitucionalização", tais como: a existência de uma Constituição rígida; a garantia jurisdicional da Constituição; a força vinculante da Constituição; a "sobreinterpretação da Constituição"; a aplicação direta das normas constitucionais; a interpretação conforme das leis; e a influência da Constituição sobre as relações políticas. Cf. GUASTINI, Ricardo. La "constitucionalización" del ordenamiento jurídico: el caso italiano. In: CARBONELL, Miguel (Org.). *Neoconstitucionalismo(s)*? Madri: Trotta, 2005. p. 49 e segs.

[22] ADI nº 248. Relator(a): ministro Celso de Mello. Tribunal Pleno. Julgado em 18 nov. 1993. *DJ*, 8 abr. 1994. PP-07222 EMENT VOL-01739-01 PP-00008.

impondo-se às pessoas estatais como regra geral de observância compulsória.

– A *transformação* de cargos e a *transferência* de servidores para outros cargos ou para categorias funcionais diversas traduzem, quando desacompanhadas da prévia realização do concurso público de provas ou de provas e títulos, formas *inconstitucionais* de provimento no Serviço Público, pois implicam o ingresso do servidor em cargos diversos daqueles nos quais foi ele legitimamente admitido. Insuficiência, para esse efeito, da mera prova de títulos e da realização de concurso interno. Ofensa ao princípio da isonomia.

– A iniciativa reservada das leis que versem o regime jurídico dos servidores públicos revela-se, enquanto prerrogativa conferida pela Carta Política ao Chefe do Poder Executivo, projeção específica do princípio da separação de poderes. Incide em inconstitucionalidade formal a norma inscrita em Constituição do Estado que, subtraindo a disciplina da matéria ao domínio normativo da lei, dispõe sobre provimento de cargos que integram a estrutura jurídico-administrativa do Poder Executivo local.

[...]

– A supremacia jurídica das normas inscritas na Carta Federal não permite, ressalvadas as eventuais exceções proclamadas no próprio texto constitucional, que contra elas seja invocado o direito adquirido. *Doutrina* e *jurisprudência* [grifos no original].

Princípio da efetividade ou da força normativa da Constituição

Derivado da formulação de Konrad Hesse, este princípio contém a ideia de que o intérprete deve buscar a interpretação que garanta maior efetividade aos dispositivos constitucionais. Exemplo: na ADI nº 2.596-1-PA (relator: ministro Sepúlveda Pertence, julgada em 10 de outubro de 2002), verifica-se a aplicação do princípio da efetividade da Constituição, tendo o STF decidido que, nas indicações de conselheiros para os tribunais de contas dos estados a serem providas pelo chefe do Poder Executivo, "a preferência deve caber às categorias dos auditores e membros do Ministério Público especial", pois assim se implementa com maior rigidez o comando constitucional do art. 75 da CRFB.

Princípio da unidade da Constituição

Está diretamente atrelado ao critério sistemático de interpretação jurídica. Atualmente, se reconhece a possibilidade de haver tensões entre normas constitucionais de igual estatura, as quais devem ser dirimidas por critérios dados pela própria Constituição. Caso clássico é o embate "direito de liberdade de imprensa vs. direito à privacidade" – caso em que se relativiza e não se expurga do ordenamento a norma que não será adotada no caso concreto. Exemplo: o STF, na ADI (AgR) nº 4.097-DF proposta pelo Partido Social Cristão (PSC), de relatoria do ministro Cezar Peluso, aplicou tal princípio. Na referida ADI, o PSC pleiteava a inconstitucionalidade da parte final do §4º do art. 14 da CRFB/1988 (norma constitucional originária), que veda a eleição e alistamento de analfabetos. Segundo Clèmerson Merlin Clève:[23]

> [...] o direito brasileiro, já foi referido, não admite, como o alemão, a inconstitucionalidade de normas constitucionais, ou seja, de normas incluídas no documento constitucional. Não se admite, entre nós, como na Alemanha, a existência de normas residentes acima da Constituição, determinantes da validade

---

[23] CLÈVE, Clèmerson Merlin. *A fiscalização abstrata da constitucionalidade no direito brasileiro*. 2. ed. São Paulo: RT, 2000. p. 225-227.

desta, ou residentes na própria Constituição, mas porque hierarquicamente superiores, determinantes da validade de outras normas constitucionais [...]. Vigora entre nós o princípio da "unidade hierárquico-normativa" da Constituição. Ou seja, desde o prisma formal, todas as normas constitucionais residem no mesmo patamar hierárquico.

Princípio da interpretação conforme a Constituição

Decorre do princípio da supremacia da Constituição (e da regra de presunção de constitucionalidade das leis) e postula que, quando um dispositivo comportar diversas exegeses, o intérprete fica vinculado à interpretação que seja conforme à Constituição.[24] Esse princípio é mais usado quando da interpretação de texto normativo parcialmente inconstitucional, buscando salvá-lo (permanência da integridade do sistema), através de sua conformação à Constituição e do afastamento de sua incidência em certos casos. Consiste em novidade a introdução da interpretação, conforme na legislação infraconstitucional (art. 28 da Lei nº 9.868/1999), como técnica de resolução de

---

[24] STF: "1. Os condicionamentos impostos pela Resolução 7/2005, do CNJ, não atentam contra a liberdade de prover e desprover cargos em comissão e funções de confiança. As restrições constantes do ato resolutivo são, no rigor dos termos, as mesmas já impostas pela Constituição de 1988, dedutíveis dos republicanos princípios da impessoalidade, da eficiência, da igualdade e da moralidade. 2. Improcedência das alegações de desrespeito ao princípio da separação dos poderes e ao princípio federativo. O CNJ não é órgão estranho ao Poder Judiciário (art. 92, CRFB) e não está a submeter esse Poder à autoridade de nenhum dos outros dois. O Poder Judiciário tem uma singular compostura de âmbito nacional, perfeitamente compatibilizada com o caráter estadualizado de uma parte dele. Ademais, o art. 125 da Lei Magna defere aos Estados a competência de organizar a sua própria Justiça, mas não é menos certo que esse mesmo art. 125, *caput*, junge essa organização aos princípios 'estabelecidos' por ela, Carta Maior, neles incluídos os constantes do art. 37, cabeça. 3. Ação julgada procedente para: a) emprestar interpretação conforme a Constituição para deduzir a função de chefia do substantivo 'direção' nos incisos II, III, IV, V do art. 2º do ato normativo em foco; b) declarar a constitucionalidade da Resolução 7/2005, do CNJ" (ADC nº 12. Relator: ministro Ayres Britto. Julgamento em 20 ago. 2008. Plenário. *DJe*, 18 dez. 2009).

conflitos em sede de controle de constitucionalidade. Exemplo: no julgamento da ADI nº 3.768-DF,²⁵ o Supremo Tribunal Federal julgou constitucional o art. 39 da Lei nº 10.741/2003. Foi dada interpretação conforme a Constituição no art. 94 da Lei nº 10.741/2003, com redução de texto, para suprimir a expressão "do Código Penal". Aplicação apenas do procedimento sumaríssimo previsto na Lei nº 9.099/1995: benefício do idoso com a celeridade processual. Impossibilidade de aplicação de quaisquer medidas despenalizadoras e de interpretação benéfica ao autor do crime.

Princípio da correção funcional (ou da justeza constitucional)

Tendo relação direta com o princípio da separação de poderes, este princípio fixa a ideia de que todos são intérpretes da Constituição e que, assim, cabe a cada Poder do Estado o desempenho de uma função específica na interpretação constitucional.²⁶ Nesse sentido, todos os poderes interpretam, mas cada um tem seu espaço próprio e deve respeitar o dos demais, de maneira que, *exempli gratia*, não é papel do Legislativo nem do Executivo, no exercício da interpretação constitucional, declarar a inconstitucionalidade de leis ou atos normativos. Destarte, o efeito vinculante das decisões proferidas pelo STF não se estende ao fundamento. Sem embargo, o legislador e o administrador devem pautar suas atuações pela interpretação que o Judiciário confere à Constituição. Exemplo: para respeitar o referido esquema organizatório-funcional, o resultado da interpretação não pode vir a estilhaçar o sistema de repartição de funções entre os três poderes estatais, não sendo à toa que o STF, por meio de sua

---

[25] ADI nº 3.096. Relator(a): ministra Cármen Lúcia. Tribunal Pleno. Julgamento em 16 jun. 2010. DJe-164. Divulgado em 2 set. 2010. Publicado em 3 set. 2010. EMENT VOL-02413-02 PP-00358.
[26] COELHO, Inocêncio Mártires. *Interpretação constitucional*. Porto Alegre: Safe, 1997.

Súmula nº 339, afirmou que "não cabe ao Poder Judiciário, que não tem função legislativa, aumentar vencimentos de servidores públicos sob fundamento da isonomia".

Princípio da democratização da interpretação constitucional

Representado pela teoria da "sociedade aberta dos intérpretes da Constituição", formulada por Peter Häberle,[27] esse princípio pugna por uma abertura da hermenêutica constitucional para além de seus limites tradicionais (os órgãos oficiais do Estado). Segundo tal princípio, todos são intérpretes da Constituição, e os intérpretes oficiais devem democratizar a interpretação fundando um sentido comum do texto e eliminando seu tecnicismo. Assim, o sentido popular deve prevalecer sobre o sentido técnico da lei. Exemplo: a introdução da

---

[27] HÄBERLE, Peter. Hermenêutica constitucional: a sociedade aberta dos intérpretes da Constituição. Contribuição para a interpretação pluralista e "procedimental" da Constituição. Trad. Gilmar F. Mendes. Porto Alegre: Safe, 1997. Jürgen Habermas é outro importante expoente na literatura política e filosófica contemporânea. Ele contribui para a democratização da interpretação constitucional com a construção de uma teoria da democracia de cunho normativo e deliberativo, calcada no procedimento, em que todos os cidadãos que se autocompreendam como autores e destinatários das normas que os obrigam são capazes de atuar "decisivamente no âmbito da sociedade civil e da esfera pública política", emitindo opiniões e vontades capazes de repercutir em decisões legislativas e direcionando o poder administrativo dos parlamentos para os canais de maior interesse social. Este é o "modelo das comportas" habermasiano, o qual, ao permitir a "circulação do poder regulado pelo Estado de direito", faz com que "os processos de comunicação e de decisão do sistema político constitucional" sejam "ordenados no eixo centro-periferia". Em outras palavras, a vontade democrática dos cidadãos, que se forma nas estruturas comunicativas da esfera pública, sai da periferia, isto é, das associações e organizações da sociedade civil e, atravessando as comportas dos procedimentos estabelecidos pelo estado democrático de direito, migra até o centro do poder político, onde exercerá a influência e o controle sobre o Parlamento, os tribunais e a administração pública, influenciando decisivamente na tomada de decisões. Cf. HABERMAS, Jürgen. Direito e democracia: entre facticidade e validade. 2. ed. Trad. Flávio Beno Siebeneichler. Rio de Janeiro: Tempo Brasileiro, 2003. v. 1 e 2, p. 20 e segs.; HABERMAS, Jürgen. A inclusão do outro: estudos de teoria política. 2. ed. São Paulo: Loyola, 2004. p. 283 e segs.; CITTADINO, Gisele. Pluralismo, direito e justiça distributiva. 3. ed. Rio de Janeiro: Lumen Juris, 2004. p. 211.

figura do *amicus curiae*, no controle de constitucionalidade brasileiro aliada à criação e à expansão de veículos como a "TV Justiça" e a "Rádio Justiça" (mantidas pelo STF), configuram uma verdadeira abertura do Judiciário para a sociedade, assim enriquecendo e publicizando o debate constitucional com maior transparência. No julgamento da ADI nº 2.548-PR, o ministro Gilmar Mendes proferiu decisão lecionando acerca do princípio em tela, em caso em que se discutia a admissão de *amicus curiae* em processo em andamento, tal como se verifica no trecho de acórdão a seguir:

> Em consonância com esse modelo ora proposto, Peter Häberle defende a necessidade de que os instrumentos de informação dos juízes constitucionais sejam ampliados, especialmente no que se refere às audiências públicas e às "intervenções de eventuais interessados", assegurando-se novas formas de participação das potências públicas pluralistas enquanto intérpretes em sentido amplo da Constituição (cf. Häberle, Peter. Hermenêutica Constitucional. A Sociedade Aberta dos Intérpretes da Constituição: contribuição para a Interpretação Pluralista e "Procedimental" da Constituição. Tradução de Gilmar Ferreira Mendes. Porto Alegre, 1997. p. 47-48). Ao ter acesso a essa pluralidade de visões em permanente diálogo, este Supremo Tribunal Federal passa a contar com os benefícios decorrentes dos subsídios técnicos, implicações político-jurídicas e elementos de repercussão econômica que possam vir a ser apresentados pelos "amigos da Corte". Essa inovação institucional, além de contribuir para a qualidade da prestação jurisdicional, garante novas possibilidades de legitimação dos julgamentos do Tribunal no âmbito de sua tarefa precípua de guarda da Constituição.

O argumento das capacidades institucionais

Vistas as formas como o juiz pode decidir, como pode interpretar a lei, torna-se relevante discutir outra questão: se ele deve decidir. Em outras palavras, questionar se o Judiciário – e não outra instituição – é, de fato, a melhor instância para dar a solução para determinado problema. Neste cenário é que se insere a discussão sobre capacidades institucionais.

Ao se interpretar determinada lei, o argumento das capacidades institucionais ressalta que decisões não são tomadas em um vácuo institucional, mas que devem, ao contrário, considerar as habilidades e limitações do Poder Judiciário e das instituições que serão afetadas por suas opções. São considerações empíricas, comparativas e contingentes, que só podem ser fixadas em arranjos institucionais e momentos específicos.

O argumento sobre capacidades institucionais,[28] que vem ganhando importância no Brasil, aparece tradicionalmente de duas formas. A primeira questiona como o Judiciário deve decidir. Indaga se determinada teoria empregada por um tribunal, que faz sentido em um mundo ideal, pode gerar resultados indesejados quando aplicada por juízes reais.

Ao se realizar este raciocínio, transpondo uma teoria normativa para o real, força-se a análise de diversos componentes, como a escassez de tempo e limitações estruturais dos juízes, componentes que, se negligenciados, implicam um déficit metodológico de qualquer teoria.

Juntamente com esta análise de como os juízes devem decidir, deve ser levantada outra questão, também relacionada ao argumento de capacidades institucionais. Trata-se de discutir o uso dessas capacidades institucionais, discutindo-se quem, entre

---

[28] SUSTEIN, Cass R.; VERMEULE, Adrian. Interpretation and institutions. *Michigan Law Review*, v. 101, p. 885-951, 2003.

as instituições existentes, deve decidir. O tema, em síntese, lida com a ideia de que se deve considerar o arranjo institucional em que se está inserido para tomar decisões.

Isso porque analisar as capacidades de uma instituição como o Judiciário implica, necessariamente, avaliá-lo comparativamente a outras instituições. Em outras palavras: é certo que o Judiciário pode dar alguma resposta para um dado conjunto de questões que esteja sendo submetido à apreciação judicial. No entanto, ele não será necessariamente a melhor instituição para tomar a decisão. Ou seja, comparando-se os limites e recursos do Judiciário com o dos demais poderes, vê-se que, em determinados casos, o Legislativo ou o Executivo poderiam fornecer soluções melhores. Pensando-se desta forma nas capacidades institucionais, pode-se, em alguns casos, justificar uma postura mais contida do Judiciário em casos nos quais há maior necessidade de conhecimento técnico ou variáveis políticas complexas a serem ponderadas.

Usado de ambas as formas, o argumento das capacidades institucionais tem dois méritos: obriga os debatedores a incorporar juízos empíricos na defesa de suas propostas (pois toda teoria normativa, quando aplicada na prática, se comporta de forma diferente) e expõe a limitação das análises que se restringem aos problemas e qualidades do Poder Judiciário.

Sobre o tema, cabe ainda ressaltar que o argumento de capacidades institucionais deve ser empregado com cuidado, para evitar três problemas frequentes.[29] O primeiro deles é sua banalização, empregando-o como um rótulo novo para qualquer teoria normativa minimamente sofisticada. Trata-se de aplicar o termo para enfatizar diferenças que sempre aparecem na inter-

---

[29] ARGUELHES, Diego Werneck; LEAL, Fernando. O argumento das "capacidades institucionais" entre a banalidade, a redundância e o absurdo. *Direito, Estado e Sociedade*, v. 38. Prelo.

pretação e aplicação do direito, entre áreas como o ideal e o real. Pensar em capacidades institucionais é pensar, por exemplo, na aplicação da segunda melhor opção, dadas as consequências da aplicação de uma teoria na realidade, mas não se limita a fazer referência a esta óbvia distinção entre real e ideal.

O segundo problema é o uso redundante da expressão. Neste caso, o argumento é usado para, no fundo, designar categorias dogmáticas já existentes, como mera referência ao texto expresso na Constituição, dizendo, por exemplo, que os congressos possuem mais "capacidade institucional" para determinada decisão. Por fim, é preciso tomar cuidado com o uso absurdo da expressão, que ocorre quando o termo é empregado de forma desvinculada do direito positivo. Trata-se de usar a expressão como tentativa de dar credibilidade a um raciocínio prático, mas sem preocupar-se com as leis vigentes.

Teoria dos princípios

Segundo Canotilho, as características dos princípios são as seguintes: possuem elevado grau de abstração; são dotados de caráter geral e fluido; apresentam vagueza e indeterminação em sua aplicação; são normas de fundamentalidade ("natureza estruturante"); demonstram proximidade com a ideia de direitos; e são normas de "função normogenética fundamentante" (fundamentam a formulação e aplicação das regras). Nesse sentido, entende-se ainda que, por terem proximidade com valores, os princípios permitem a possibilidade de abertura para ponderação.[30]

Tradicionalmente, a dogmática constitucional sempre considerou os princípios como um mero instrumento de reserva

---

[30] Cf. ALEXY, Robert. *Teoria de los derechos fundamentales*. Trad. Ernesto Garzón Valdés. Madri: Centro de Estudios Constitucionales, 2002, p. 81 e segs.; DWORKIN, Ronald. *Levando os direitos a sério*. Trad. Nelson Boeira. São Paulo: Martins Fontes, 2002.

para suprir omissões na aplicação das leis infraconstitucionais. As teorias de Ronald Dworkin e Robert Alexy colocaram, porém, os princípios em posição de destaque no processo hermenêutico, passando a representar importantes repositórios de valores, diretivas para a resolução de casos difíceis e fontes de razões para a formulação de *standards* de julgamento.

De fato, contemporaneamente têm sido destacados o papel normativo dos princípios e, especialmente, suas funções de fundamentar a legitimidade do ordenamento jurídico positivo, de exercer um papel hermenêutico, de complementar a aplicação das normas jurídicas (principalmente as constitucionais) e de fomentar o processo de argumentação.[31] No Brasil, o reconhecimento da força normativa dos princípios pode ser exemplificado através de trecho da obra de Paulo Bonavides, segundo o qual "a nova ordem constitucional brasileira determina que os princípios jurídicos passem a ser tratados como normas dotadas de eficácia e não mais como meros suplementos interpretativos".[32]

Distinção entre princípios e regras

Nos estudos relacionados à teoria dos princípios, atribuiu-se sempre enorme relevância aos temas da diferenciação entre princípios e regras dos limites de aplicação e da possibilidade de ponderação de ambas as categorias normativas. Inicialmente, entendia-se que somente os princípios seriam passíveis de ponderação. No entanto, há quem conteste, atualmente, no Brasil, a diferença qualitativa entre princípios e regras, sustentando que

---

[31] SARMENTO, Daniel. *A ponderação de interesses na Constituição Federal*. 2. tir. Rio de Janeiro: Lumen Juris, 2002. p. 54-55.

[32] BONAVIDES, Paulo. *Curso de direito constitucional*, 2004, op. cit., p. 294-295. No mesmo sentido: GRAU, Eros Roberto. Os princípios e as regras jurídicas. In: ___. *A ordem econômica na Constituição de 1988*: interpretação e crítica. 6. ed. São Paulo: Malheiros, 2001. p. 120-121.

a diferença entre tais categorias é gradual.[33] A diferença estaria, assim, no grau de abstração e na importância relativa, maior nos princípios do que nas regras. Nesse sentido, os princípios não seriam mais flexíveis do que as regras, dado que estas também seriam ponderáveis.[34] A distinção gradual não é, contudo, o único critério de separação entre princípios e regras.

Pode-se, em vez da distinção gradual, fazer uma divisão estrutural entre os conceitos, como a defendem Robert Alexy e Ronald Dworkin. Trata-se de divisão qualitativa. Para o primeiro, princípios são modelos de otimização, podendo ou não ser considerados mandamentos nucleares de um sistema. Nas palavras de Virgílio Afonso da Silva,

> o critério que Alexy utiliza para distinguir princípios de regras é um critério estrutural, que não leva em consideração nem fundamentalidade, nem generalidade, nem abstração, nem outros critérios materiais, imprescindíveis nas classificações acima mencionadas. Como consequência, muito do que é tradicionalmente considerado como princípio fundamentalíssimo – a anterioridade da lei penal é um exemplo esclarecedor – é, segundo os critérios propostos por Alexy, uma regra e não um princípio [...]. Falar em princípio do *nulla poena sine lege*, em princípio da legalidade, em princípio da anterioridade, entre outros, só faz sentido para as teorias tradicionais. Se se adotam

---

[33] "[...] a atividade de ponderação de razões não é privativa da aplicação dos princípios, mas é qualidade geral de qualquer aplicação de normas. [...] A ponderação diz respeito tanto aos princípios quanto às regras, na medida em que qualquer norma possui um caráter provisório que poderá ser ultrapassado por razões havidas como mais relevantes pelo aplicador diante do caso concreto. O tipo de ponderação é que é diverso" (ÁVILA, Humberto Bergmann. *Teoria dos princípios*: da definição à aplicação dos princípios jurídicos. 3. ed. São Paulo: Malheiros, 2004b. p. 50).

[34] No mesmo sentido: BARCELLOS, Ana Paula de. Alguns parâmetros normativos para a ponderação constitucional. In: BARROSO, Luís Roberto (Org.). *A nova interpretação constitucional*: ponderação, direitos fundamentais e relações privadas. Rio de Janeiro: Renovar, 2003. p. 49-118.

os critérios propostos por Alexy, essas normas são regras e não princípios.[35]

Já Ronald Dworkin, partindo da crítica ao positivismo de Hart, defende que entender o direito como um sistema composto exclusivamente de regras (como faz o positivismo) impossibilita a fundamentação de casos complexos, para os quais não há regra jurídica aplicável. Nas palavras de Virgílio Afonso da Silva:

> Dworkin argumenta que, ao lado das regras jurídicas, há também os princípios. Estes, ao contrário daquelas, que possuem apenas a dimensão da validade, possuem também uma outra dimensão: o peso. Assim, as regras ou valem, e são, por isso, aplicáveis em sua inteireza, ou não valem e, portanto, não são aplicáveis. No caso dos princípios, essa indagação acerca da validade não faz sentido. No caso de colisão entre princípios, não há que se indagar sobre problemas de validade, mas somente de peso. Tem prevalência aquele princípio que for, para o caso concreto, mais importante, ou, em sentido figurado, aquele que tiver maior peso. Importante é ter em mente que o princípio que não tiver prevalência não deixa de valer ou de pertencer ao ordenamento jurídico. Ele apenas não terá tido peso suficiente para ser decisivo naquele caso concreto. Em outros casos, porém, a situação pode inverter-se.[36]

Por fim, além das teorias que distinguem regras e princípios de forma gradual ou estrutural, há ainda a teoria da concordância, que entende não ser possível diferenciar os dois conceitos.

---

[35] SILVA, Luís Virgílio Afonso da. Princípios e regras: mitos e equívocos acerca de uma distinção. *Revista Latino-Americana de Estudos Constitucionais*, v. 1, p. 607-630, 2003.
[36] Ibid., p. 607-630.

Entre as três teorias apresentadas, a que causa maiores perplexidades é a que parte de uma distinção do tipo estrutural, especialmente em função de tentativas sincréticas de harmonizar seus pressupostos com conclusões típicas de distinções graduais. Por esse motivo, será ela tomada como referência para as futuras análises desenvolvidas sobre o papel dos princípios nos processos de justificação de decisões jurídicas.

Colisões constitucionais e ponderação de interesses

O que fazer, porém, quando princípios entram em rota de colisão? Tem-se entendido no Brasil[37] que os chamados critérios clássicos de resolução de antinomias (cronológico, hierárquico e de especialidade) são insuficientes para a instrumentação e a composição dos conflitos entre normas constitucionais, especialmente quando se trata dos chamados "casos difíceis" (hard cases) ou "casos insólitos". O debate no meio jurídico brasileiro sobre esse tema concentrou-se em três alternativas: (i) a hierarquização das normas constitucionais, que propõe a inserção de um escalonamento e uma valoração diferenciados para cada norma constitucional, de acordo com suas formas e conteúdos, podendo ter como parâmetro princípios e valores suprapositivos;[38] (ii) a tentativa de traçar limites em concreto, de forma que cada exercício de direito fundamental não envolva outro direito fundamental, mediante a normatividade de "regras de preferência";[39] e (iii) a teoria da ponderação, que apresenta a técnica da ponderação de interesses.

---

[37] Ver a respeito: SARMENTO, Daniel. *A ponderação de interesses na Constituição Federal*, 2002, op. cit., p. 29-33.
[38] Cf. BACHOF, Otto. *Normas constitucionais inconstitucionais?* Coimbra: Almedina, 1994.
[39] MÜLLER, Friedrich. *Métodos de trabalho do direito constitucional*. 2. ed. Trad. Peter Naumann. São Paulo: Max Limonad, 2000. p. 97-109.

Atualmente, tornou-se dominante no Brasil o entendimento de que a técnica da ponderação de interesses é a mais adequada para a resolução de antinomias constitucionais. Tal técnica consiste em um método de resolução de conflitos que passa por três análises: adequação, necessidade e proporcionalidade em sentido estrito, buscando as soluções que impliquem o menor sacrifício possível para os interesses em questão e conferindo aplicação a uma das normas principiológicas em conflito, relativizando (e não eliminando), assim, a aplicação da(s) outra(s) no caso concreto.[40]

Mesmo com a evolução da teoria da ponderação e com a ampliação de sua adoção nos tribunais, há de se atentar às críticas que lhe são dirigidas, a fim de que seja aperfeiçoada e supere seus aspectos negativos. Assim, por um lado, tendo em conta a insegurança jurídica, consubstancia-se a ideia de que a ponderação figuraria como uma "caixa preta" em razão da elevada carga de subjetivismo em sua instrumentação. Por outro, com a constatação de que, ao se ponderar princípios constitucionais, pode-se acabar por promover a relativização em excesso de direitos fundamentais, cumpre buscar a formulação de critérios para diminuir seus riscos. Nesse sentido, buscando reconhecer a ponderação com critérios para conferir previsibilidade às decisões judiciais, têm sido propostas a criação de *standards*[41] e a exigência de transparência na fundamentação das decisões.

A fim de ilustrar tal complexidade, podem-se apresentar dois casos paradigmáticos que foram examinados e julgados

---

[40] Cf. SARMENTO, Daniel. *A ponderação de interesses na Constituição Federal*, 2002, op. cit., p. 97 e segs.
[41] Em recente estudo sobre o assunto, Ana Paula de Barcellos propõe dois parâmetros para a realização de ponderação, quais sejam: (i) as regras têm preferência sobre os princípios constitucionais; e (ii) os direitos fundamentais têm preferência sobre as demais disposições normativas (ou a solução que prestigia a dignidade humana tem preferência sobre as demais) (BARCELLOS, Ana Paula de. "Alguns parâmetros normativos para a ponderação constitucional", 2003, op. cit.).

pelo STF: (i) o caso Glória Trevi,[42] em que se decidiu pela extradição da cantora mexicana, mesmo após ter ficado grávida na cadeia e dado à luz seu filho em território brasileiro; (ii) o caso do tabelamento de mensalidades escolares,[43] o qual consiste em um claro exemplo de ponderação legislativa, tendo o STF relativizado o princípio da liberdade de iniciativa para conter o aumento excessivo dos preços nos reajustes anuais de preços das mensalidades escolares nas instituições particulares.

Princípios da proporcionalidade e da razoabilidade

Há dois sentidos de proporcionalidade empregados pelo STF. O primeiro relaciona-se à noção mais comum de proporção: estabelecer, por exemplo, uma pena proporcional a um crime. O segundo, aqui analisado, é o de proporcionalidade como ferramenta metodológica adequada para o trabalho com uma estrutura específica de imbricação normativa.

As maneiras como os princípios da proporcionalidade e da razoabilidade são atualmente formulados no Brasil têm sua matriz, respectivamente, na Europa continental e nos EUA. Há de se ressaltar, no entanto, que não se trata de conceitos com o mesmo significado.

Sobre o ponto, Virgílio Afonso da Silva ressalta que, embora sinônimos na linguagem ordinária, em linguagem jurídica, os termos têm significado diferente, mas com objetivos semelhantes. O princípio da razoabilidade e o princípio ou regra da proporcionalidade diferem, seja quanto a sua origem (deste na jurisprudência do Tribunal Constitucional alemão, daquele na Magna Carta inglesa, em 1215), seja quanto a sua estrutura. Com

---

[42] STF: HC nº 83.501-DF, MS nº 24.304-DF; Rcl nº 2.040 QO-DF; e Ext nº 783-ME – MÉXICO. Relator: ministro Carlos Velloso.
[43] STF: Adin nº 319-4-DF. Relator: ministro Moreira Alves.

relação à estrutura, a razoabilidade corresponde à "compatibilidade entre o meio empregado pelo legislador e os fins visados, bem como a aferição da legitimidade dos fins".[44]

Vê-se, assim, que, nas palavras de Virgílio Afonso da Silva,

> o conceito de razoabilidade, na forma como exposto, corresponde apenas à primeira das três sub-regras da proporcionalidade, isto é, apenas à exigência de adequação. A regra da proporcionalidade é, portanto, mais ampla do que a regra da razoabilidade, pois não se esgota no exame da compatibilidade entre meios e fins.[45]

Defende o autor, ainda:

> A regra da proporcionalidade,[46] enquanto desdobramento lógico da estrutura dos direitos fundamentais, deve ser aplicada de forma estruturada, a partir do exame da adequação, necessidade e proporcionalidade em sentido estrito. Assim, em sua visão, ela exigiria um rigor argumentativo muito maior que o da razoabilidade, em que simplesmente se verificaria a compatibilidade entre meios e fins da medida estatal.[47]

Ressalte-se que a distinção não é sempre adotada, tendo parte significativa da doutrina, assim como o próprio STF, usado os conceitos como fungíveis.[48]

---

[44] BARROSO, Luís Roberto. Os princípios da razoabilidade e da proporcionalidade no direito constitucional. *Revista do Ministério Público do Estado do Rio de Janeiro*, n. 4, p. 160, 1996.
[45] SILVA, Luís Virgílio Afonso da. O proporcional e o razoável. *Revista dos Tribunais*, São Paulo, ano 91, v. 798, abr. 2002.
[46] Luís Virgílio Afonso da Silva adverte: é regra, pois não admite ponderação.
[47] SILVA, Luís Virgílio Afonso da. "O proporcional e o razoável", 2002, op. cit., p. 6-8.
[48] Cf. BARROSO, Luís Roberto (Org.). *A nova interpretação constitucional*, 2003a, op. cit., p. 224.

Há também posições intermediárias: na concepção de Luís Roberto Barroso,[49] por exemplo, a proporcionalidade e a razoabilidade podem ser distinguidas, uma vez que a proporcionalidade é uma construção do direito alemão, com um desenvolvimento dogmático mais analítico e ordenado, enquanto a razoabilidade fundamenta-se no devido processo legal substantivo do direito dos EUA (*substantive due process*) e é desprovida de uma formulação sistemática.

No entanto, o referido jurista crê que não há a necessidade de uma diferenciação conceitual entre ambos os métodos, porque ambos abrigam sob seu manto os mesmos valores: racionalidade, justiça, medida adequada, senso comum e rejeição aos atos arbitrários.

Passando-se para a análise individual dos conceitos, vê-se que, de acordo com Luís Roberto Barroso, o princípio da razoabilidade pode ser definido como "um parâmetro de valoração dos atos do Poder Público para aferir se eles estão informados pelo valor superior inerente a todo o ordenamento jurídico: a justiça".[50] O autor divide o princípio da razoabilidade em duas perspectivas: uma interna e outra externa.

No âmbito interno, verifica-se uma congruência entre os *motivos* apresentados, os *fins* buscados, a *medida* empregada e suas *consequências*. Nesse sentido, *exempli gratia*, seria constitucional na medida em que determinasse a isenção de IPI (imposto sobre produtos industrializados) em relação à fabricação de preservativos, pois haveria uma perfeita harmonia entre o motivo apresentado (elevação da contaminação de doenças venéreas), o fim desejado (prevenção contra a Aids e outras do-

---

[49] BARROSO, Luís Roberto. "Os princípios da razoabilidade e da proporcionalidade no direito constitucional", 1996, op. cit., apud SILVA, Luís Virgílio Afonso da. "O proporcional e o razoável", 2002, op. cit., p. 32.
[50] BARROSO, Luís Roberto. *Interpretação e aplicação da Constituição*, 2003b, op. cit., p. 224.

enças sexualmente transmissíveis), a medida adotada (redução dos gastos das empresas fabricantes de preservativos por meio da isenção de IPI) e as consequências decorrentes (maior acesso da população ao uso de preservativos).

No prisma externo, a razoabilidade consiste na conformidade da medida adotada com o sistema de valores e com o texto que representa o ordenamento jurídico-constitucional, de maneira que esteja em harmonia com princípios constitucionais, tais como o do pacto federativo, o da isonomia, o da dignidade da pessoa humana etc. Assim, para ser considerada razoável, uma medida administrativa ou uma norma jurídica deve sê-lo interna e externamente.

Quanto à proporcionalidade, inicialmente, cabe indagar sua natureza normativa, questionando tratar-se, como usado habitualmente, de um princípio. De acordo com Robert Alexy:

> A máxima da proporcionalidade é com frequência denominada "princípio da proporcionalidade". Neste caso, no entanto, não se trata de um princípio no sentido aqui empregado. A adequação, a necessidade e a proporcionalidade em sentido estrito não são sopesados contra algo. Não se pode dizer que eles, às vezes, tenham precedência, e às vezes não. O que se indaga é, na verdade, se as máximas parciais foram satisfeitas ou não, e sua não satisfação como consequência de uma ilegalidade. As três máximas parciais devem ser, portanto, consideradas como regras.[51]

Quanto ao seu fundamento de validade, há diferentes correntes considerando-os: (i) fundamentos do estado de direito; (ii) corolários da ideia de unidade da Constituição;

---

[51] ALEXY, Robert. *Teoria dos direitos fundamentais*. Trad. Virgílio Afonso da Silva. São Paulo: Malheiros, 2011. p. 117.

(iii) base do devido processo legal; e (iv) corolário da estrutura dos princípios jurídicos.

Com relação ao conceito, ele desenvolveu-se a partir da década de 1950 pelo Tribunal Constitucional alemão como um método de interpretação e aplicação dos direitos fundamentais. Tal método era empregado exclusivamente nos casos em que um ato estatal destinado a promover a realização de um direito fundamental ou de um interesse coletivo implicava a restrição de outros direitos fundamentais.[52] O princípio da proporcionalidade foi formulado pela doutrina germânica através de uma dimensão tríplice, assim podendo ser explicado através de três testes organizados sucessivamente a partir de três subprincípios:[53]

❏ *Adequação*. O ato sob consideração deve ser capaz de produzir os efeitos desejados. Ou seja, tal ato deve servir como *meio* capaz de promover, ou ao menos estimular, a realização do *fim* a que se propõe. Dessa maneira, uma medida somente pode ser considerada inadequada se sua utilização não contribuir em nada para fomentar a realização do fim pretendido.[54] Exemplo: a obrigação de usar *kits* de primeiros socorros em automóveis não é adequada para a obtenção dos efeitos a que se propõe (salvar vidas), pois, no caso de a pessoa que vá socorrer não conhecer suas formas de manejo, poderia até produzir um dano maior.

❏ *Necessidade ou exigibilidade*. O ato estatal, ao limitar os direitos fundamentais dos cidadãos, deve restringi-los apenas o estritamente necessário para atender o fim pretendido. Assim,

---

[52] SILVA, Virgílio Afonso da. "O proporcional e o razoável", 2002, op. cit., p. 24.
[53] Cf. SARMENTO, Daniel. A ponderação de interesses na Constituição Federal, 2002, op. cit., p. 87-90; BARROSO, Luís Roberto. Interpretação e aplicação da Constituição, 2003b, op. cit., p. 227 e segs.
[54] SILVA, Virgílio Afonso da. "O proporcional e o razoável", 2002, op. cit.

o Estado deve demonstrar que não era possível adotar outro meio menos oneroso para o cidadão para atingir tal fim.[55]

❑ *Proporcionalidade em sentido estrito.* Consiste, em breves palavras, num juízo (ponderativo) de custo × benefício relacionado aos respectivos graus de promoção e restrição dos princípios concretamente imbricados. As desvantagens (ônus) decorrentes da restrição de um ato devem ser inferiores às vantagens (bônus) decorrentes da promoção do outro, devendo ser sopesados sempre os benefícios e prejuízos dele decorrentes.[56]

Em Portugal, a proporcionalidade passou a ser utilizada, no entanto, agregada à razoabilidade, como se sinônimos fossem. Desde então, a proporcionalidade veio, ao longo do tempo, tornando-se um conceito difuso, diverso dos moldes traçados por Robert Alexy.

No Brasil, não foi diferente. Especialmente após a Constituição de 1988, o STF adotou a postura desenvolvida pelos juristas portugueses, tratando razoabilidade e proporcionalidade como princípios fungíveis, utilizando-os de forma imprecisa e gerando jurisprudência anômala ao tribunal alemão. Em verdade, o STF, quando não encontra nenhuma violação clara à Constituição nas leis que analisa, argumenta que elas violam o princípio da proporcionalidade.[57] No já citado artigo "O proporcional e o razoável", Virgílio Afonso da Silva demonstra que, por

---
[55] CANOTILHO, J. J. Gomes. *Direito constitucional e teoria da Constituição.* 3. ed. Coimbra: Almedina, 1999. p. 264.
[56] ÁVILA, Humberto Bergmann. *Teoria dos princípios:* da definição à aplicação dos princípios jurídicos. 4. ed. São Paulo: Malheiros, 2005. p. 97, 110.
[57] O Tribunal Constitucional Federal da Alemanha (*Bundesverfassungsgericht*) costuma utilizar o princípio da proporcionalidade como medida na apreciação da atuação do poder público, concedendo ao legislador um livre julgamento – a chamada "prerrogativa de avaliação" (*Einschätzungsprärrogative*) – no exame dos três subprincípios que compõem tal princípio.

inúmeras vezes, o STF não aplica as três etapas que compõem o teste de proporcionalidade:

> O recurso à regra da proporcionalidade na jurisprudência do STF pouco ou nada acrescenta à discussão e apenas solidifica a ideia de que o chamado princípio da razoabilidade e a regra da proporcionalidade seriam sinônimos. A invocação da proporcionalidade é, não raramente, um mero recurso a um *topos*, com caráter meramente retórico e não sistemático. Em inúmeras decisões, sempre que se queira afastar alguma conduta considerada abusiva, recorre-se à fórmula "à luz do princípio da proporcionalidade ou da razoabilidade, o ato deve ser considerado inconstitucional". [...] Não é feita nenhuma referência a algum processo racional e estruturado de controle da proporcionalidade do ato questionado, nem mesmo um real cotejo entre os fins almejados e os meios utilizados. O raciocínio aplicado costuma ser muito mais simplista e mecânico.[58]

Virgílio Afonso da Silva cita, como exemplo de aplicação imprecisa do princípio da proporcionalidade pelo STF, a decisão liminar concedida pelo tribunal que declarou inconstitucional a exigência de pesagem de botijões de gás na presença do consumidor, instituída, no Paraná, por lei estadual.[59] Nela, não está explícito se o tribunal entendeu que os dispositivos julgados inconstitucionais eram inadequados, desnecessários ou desproporcionais em sentido estrito. O STF não procedeu a nenhum desses exames de forma concreta e isolada. Como

---

[58] SILVA, Virgílio Afonso da. "O proporcional e o razoável", 2002, op. cit.
[59] ADI no 855-2. Ministro Gilmar Mendes invoca: "Não basta, todavia, verificar se as restrições estabelecidas foram baixadas com observância dos requisitos formais previstos na Constituição. Cumpre indagar, também, se as condições impostas pelo legislador não se revelariam incompatíveis com o princípio da proporcionalidade (adequação, necessidade, razoabilidade)".

demais exemplos dessa utilização dos princípios da proporcionalidade e da razoabilidade pelo STF, podemos mencionar os seguintes julgados: ADI nº 247/RJ, ADI nº 319-4/DF, ADI nº 855-2, ADI nº 1.407-2/DF, ADI nº 1.558-8/AM, ADI nº 2.667/DF, ADI nº 3.197-0/RJ, ADI nº 3.395-6/DF, HC nº 69.912-0/RS, HC nº 71.374-4/RS, HC nº 76.060/SC, HC nº 77.003-4, RE nº 18.331/SP, RE nº 47.937-GB, RE nº 197.917/SP (*Informativo STF*, n. 341), RE nº 215.301/CE (*Informativo STF*, n. 146), MS nº 23.452/RJ, MS nº 23.466/DF e RP nº 1.077/RJ.

Portanto, no direito brasileiro, a utilização por parte dos tribunais dos princípios da proporcionalidade e da razoabilidade tem sido objeto de críticas em razão de permitir um alargamento do espaço de discricionariedade do julgador. Argumenta-se que o processo de aplicação de tais princípios varia de acordo com o subjetivismo do intérprete e gera um aumento da incerteza jurídica.

Por último, é importante estabelecer uma visão da importância que os princípios constitucionais vêm ganhando no cenário brasileiro. Atualmente, há, no Brasil, quem critique o chamado "fenômeno da euforia dos princípios",[60] isto é, a má utilização – racionalmente descontrolada – dos princípios pelos operadores do direito.

Isso porque o uso excessivo de princípios pode também trazer prejuízos, sendo dois os principais. O primeiro, da falta de consistência: a utilização de mais de uma teoria, por exemplo, na definição de princípios, que faz com que o argumento perca seu sentido.

Em segundo lugar, corre-se o risco da banalização dos princípios, devido a seu uso excessivo. Isso porque:

---

[60] ÁVILA, Humberto Bergmann. A distinção entre princípios e regras e a redefinição do dever de proporcionalidade. *Revista de Direito Administrativo*, Rio de Janeiro, v. 215, p. 151-179, jan./mar. 1999.

> Quando se torna lugar-comum elevar a discussão diretamente ao nível principiológico, quiçá não levando o embate da dimensão deontológica à axiológica, coloca-se a lei de lado, desqualifica-se sua importância como produto do processo democrático; em igual sentido, mesmo diante de um conflito entre princípios. [...]
> A ponderabilidade ínsita aos princípios, e a consequente maior facilidade de se sobrepujar uma norma dessa espécie *in concreto* do que, por exemplo, superar uma regra, torna-se a principal fonte para a extensão da inevitável arbitrariedade presente no último passo de qualquer procedimento de justificação.[61]

De acordo com o autor, é o que vem ocorrendo, por exemplo, com a dignidade da pessoa humana.

Questões de automonitoramento

1. Após ler este capítulo, você é capaz de resumir o caso gerador do capítulo 4, identificando as partes envolvidas, os problemas atinentes e as possíveis soluções cabíveis?
2. À luz do princípio da unidade da Constituição, explique a discussão acerca da existência de normas constitucionais inconstitucionais.
3. Quais são os elementos tradicionais da interpretação jurídica e quais são os princípios da interpretação constitucional?
4. Qual é a relação entre o argumento das capacidades institucionais e a justificação de decisões em casos difíceis?
5. Em que contexto e para qual finalidade foi formulada a técnica da ponderação de interesses? Quais as críticas diri-

---
[61] LEAL, Fernando. Argumentando com o sobreprincípio da dignidade da pessoa humana. In: MELLO, Celso D. Albuquerque; TORRES, Ricardo Lobo (Org.). *Arquivos de direitos humanos*. Rio de Janeiro: Renovar, 2005.

gidas contra ela e que soluções são apresentadas pelos seus defensores?
6. Quais são as origens e as funções dos princípios da proporcionalidade e da razoabilidade? Como eles se encontram previstos no ordenamento jurídico brasileiro?
7. Pense e descreva, mentalmente, outras alternativas para a solução do caso gerador do capítulo 4.

2. Direitos fundamentais (I). Regime constitucional dos direitos fundamentais. A vinculação dos particulares aos direitos fundamentais. Colisão de direitos fundamentais. A internacionalização dos direitos fundamentais e os tratados internacionais

Roteiro de estudo

Trajetória histórica dos direitos fundamentais

As origens e a evolução dos direitos fundamentais

Amparado nas lições de Klaus Stern, Ingo Wolfgang Sarlet assevera que o caminhar histórico dos direitos fundamentais pode ser dividido em três etapas:

(a) uma pré-histórica, que se estende até o século XVI; (b) uma fase intermediária, que corresponde ao período de elaboração da doutrina jusnaturalista e da afirmação dos direitos naturais do homem; (c) a fase da constitucionalização, iniciada em 1776, com as sucessivas declarações de direitos dos novos Estados americanos.[62]

Diferentemente do que acontece com a maioria dos conceitos e dos institutos jurídicos hodiernamente aplicados, os direitos humanos – e, consequentemente, os direitos fundamentais – não possuem origens concretas no período da Antiguidade, quando Grécia e Roma apresentavam-se como os principais modelos de civilização. Durante a Idade Média, foram elaborados pactos estamentais para a previsão de certos direitos, os quais – conforme demonstra a Magna Carta de 1215 – não podem ser considerados como direitos fundamentais, pois não tinham caráter de universalidade (só valiam para os nobres). Ideais como os da dignidade, da individualidade e da igualdade dos homens na sua posição em relação a Deus – valendo lembrar o dogma religioso de que os homens devem ser vistos à imagem e semelhança de Deus –, assim como a defesa de valores suprapositivos, marcaram as contribuições dos teóricos jusnaturalistas para a futura construção dos direitos fundamentais.[63] Já no período da chamada Modernidade, iniciado no século XVI e intensificado no século XVII pelas teorias contratualistas, o direito natural assumiu a frente do processo histórico e serviu como fonte para os direitos e obrigações a serem incluídos nos pactos políticos realizados entre súditos e soberanos. No fim dessa segunda fase, já no período de ascensão do Iluminismo,

---

[62] Stern, 1988 apud SARLET, Ingo Wolfgang (Org.). *A eficácia dos direitos fundamentais*. 4. ed. Porto Alegre: Livraria do Advogado, 2004a. p. 43.
[63] Ibid., p. 44-45.

concretizou-se definitivamente a ideia dos direitos do homem como aqueles inerentes a sua própria existência, sem qualquer vinculação religiosa ou teológica.[64] Por fim, após as declarações de direitos elaboradas na Inglaterra durante o século XVII, que previam positivamente a fundamentalidade de direitos naturais como a liberdade (porém sem a garantia de oposição ao Parlamento), deu-se início ao movimento do constitucionalismo, com a formulação da Declaração da Virgínia (1776), da Constituição dos EUA (1787) e da Declaração Francesa (1789). Destarte, finalmente reconheceu-se positivamente os direitos e liberdades naturais como direitos fundamentais constitucionais, providos de caráter universal e de supremacia perante o Estado e a sociedade civil.[65]

Assim, conclui-se que a elaboração de uma teoria propriamente dita dos direitos fundamentais só veio a ocorrer no século XVIII, com a erupção dos ideais das revoluções americana e francesa. Foi então que nasceram os chamados direitos de primeira geração – direitos civis e políticos –,[66] primeiros a serem recepcionados nas diversas constituições ocidentais. Também conhecidos como direitos de defesa ou negativos, consistindo em garantias contra a intervenção estatal na esfera individual, caracterizam-se por serem direitos de oponibilidade e resistência ao Estado, demandando, por parte da entidade estatal, um dever de abstenção da prática de qualquer conduta que impeça o pleno exercício e gozo destes direitos, razão pela qual entram no rol

---

[64] Ibid., p. 48.
[65] Ibid., p. 50-51.
[66] Há quem entenda pertencerem os direitos civis e políticos a categorias distintas, afirmando que aqueles representariam os direitos atribuídos ao homem enquanto indivíduo, como o direito à vida, o direito à liberdade de consciência e o direito à honra, enquanto que estes, entre os quais se destacariam o direito ao voto, o direito de associação, reunião e manifestação e o direito de liberdade de expressão, seriam referentes ao homem enquanto cidadão, cf. MIGUEL, Alfonso Ruiz. Derechos liberales y derechos sociales. *Doxa*: cuadernos de filosofía del derecho, Alicante, v. 15-16, p. 652, 1994.

do *status negativus* de Jellinek.⁶⁷ Verdadeiras conquistas da luta contra o Antigo Regime, os direitos da primeira geração, cujo titular é o indivíduo, viabilizaram o ideário do Estado Liberal mínimo, vez que fizeram prevalecer a concepção antropocêntrica do homem como fim e do Estado como meio, cujo papel primordial, além da não interferência na esfera de liberdade dos indivíduos, é a proteção destes direitos contra a ação de terceiros.⁶⁸ Seus principais exemplos são os direitos à vida, à integridade física e ao livre-arbítrio.

Posteriormente, com o advento do Estado social ou Estado de bem-estar social, em um contexto de crítica e questionamento à ideologia liberal, fruto do movimento operário e do pensamento socialista, surgem os denominados direitos de segunda geração – direitos sociais, econômicos e culturais –, também cunhados de direitos prestacionais ou positivos, que simbolizavam as bandeiras dos trabalhadores na luta por justiça social e por melhorias em suas condições vida.⁶⁹ Recepcionados inicialmente nas constituições marxistas e fruto do constitucionalis-

---

[67] BONAVIDES, Paulo. *Curso de direito constitucional*. 4. ed. São Paulo: Malheiros, 1993. p. 475. Jellinek foi o principal doutrinador da teoria dos direitos públicos subjetivos, elaborada pela dogmática alemã do século XIX e que consistia em tratar os direitos humanos como um sistema de relações jurídicas entre o Estado e os particulares, caracterizando-se por ser estritamente positivista e ligada ao Estado liberal, já que os direitos públicos subjetivos se contrapunham à atividade pública. MELLO, Celso D. Albuquerque. *Curso de direito internacional público*. 11. ed. Rio de Janeiro: Renovar, 1997. v. 1, p. 738.

[68] DORNELLES, João Ricardo W. Notas sobre a fundamentação jurídico-filosófica dos direitos humanos. *Direito, Estado e Sociedade*, Departamento de Ciências Jurídicas da PUC-Rio, n. 1, 2. ed., p. 36, jul./dez. 1991.

[69] A contradição entre os princípios formalmente insculpidos nas declarações de direitos da época e a realidade vivida pela maioria da população, que não tinha acesso aos direitos liberais básicos, era ampla. Os trabalhadores, em especial os operários, encontravam-se submetidos às mais duras condições de existência e de vida, sem qualquer tipo de regulamentação ou de assistência no trabalho, em face da lógica de funcionamento do Estado liberal que não admitia a intervenção estatal na questão social. Cf. DORNELLES, João Ricardo W. "Notas sobre a fundamentação jurídico-filosófica dos direitos humanos", 1991, op. cit., p. 39.

mo da social-democracia, cujos exemplos mais marcantes são a Constituição Mexicana (1917) e a Constituição da República de Weimar (1919), os direitos da segunda geração dominaram por inteiro as constituições do pós-45.[70] Sua principal diferença em relação aos direitos de primeira geração é justamente sua condição de prestação positiva, isto é, de demandarem do Estado uma ação positiva, reivindicando a presença efetiva do poder público no sentido de implementar políticas públicas que assegurem sua plena realização. Em seu rol, constam os direitos trabalhistas, previdenciários, educacionais, habitacionais, alimentícios e de saúde.

Em um período mais recente da história, passou-se a reconhecer a existência dos direitos de terceira geração ou transindividuais, que englobam os direitos difusos e coletivos, também chamados de direitos dos povos e da solidariedade, sendo seus principais exemplos os direitos ao meio ambiente saudável e ecologicamente equilibrado, à higidez da ordem econômica, à autodeterminação dos povos, ao patrimônio cultural, ao desenvolvimento e à paz.[71]

Os direitos de quarta geração seriam os direitos à democracia, à informação e ao pluralismo.[72] A quinta geração engloba os biodireitos e direitos cibernéticos.[73] A tese que concebe o

---

[70] Cf. BONAVIDES, Paulo. *Curso de direito constitucional*, 1993, op. cit., p. 476. Sem prejuízo da importância de tais documentos, é de se destacar a Declaração de Direitos da População Trabalhadora e Explorada (1918), fruto da Revolução Russa, que representou o grande marco dos direitos humanos de caráter econômico-social. Cf. CUNHA, José Ricardo. "Direitos humanos numa perspectiva pós-moderna?", p. 31. Mimeo.
[71] BONAVIDES, Paulo. *Curso de direito constitucional*, 1993, op. cit., p. 569-570. Cf. também DORNELLES, João Ricardo W. "Notas sobre a fundamentação jurídico-filosófica dos direitos humanos", 1991, op. cit. p. 40-41.
[72] BONAVIDES, Paulo. *Curso de direito constitucional*. 14. ed. São Paulo: Malheiros, 2004. p. 570-573.
[73] Cf. OLIVEIRA JÚNIOR, José Alcebíades de. *Teoria jurídica e novos direitos*. Rio de Janeiro: Lumen Juris, 2000. p. 85-86 apud FELDENS, Luciano. *Tutela penal de interesses difusos e crimes do colarinho branco*: por uma legitimação da atuação do Ministério Público – uma investigação à luz dos valores constitucionais. Porto Alegre: Livraria do Advogado,

surgimento dos direitos em gerações foi proposta pelo inglês Marshall[74] e divulgada pelo italiano Norberto Bobbio.[75] Não obstante sua aceitação geral, alguns doutrinadores[76] questionam tal terminologia e adotam o termo *dimensões*, argumentando que a evolução dos direitos consiste num processo histórico dentro do qual o aparecimento de uma nova categoria não elimina e nem reduz a importância das anteriores, assim sustentando uma ideia de complementaridade entre as diversas facetas dos direitos humanos e fundamentais. Na verdade, constata-se ser o problema mais terminológico do que qualquer coisa, vez que o próprio Norberto Bobbio assevera que o que realmente importa é a aplicação dos direitos.[77] Ademais, não parece haver problema em se utilizar a expressão *gerações*, desde que se tenha claro que seu sentido é meramente cronológico e não hierárquico.

Ainda sobre o tema das gerações dos direitos, é importante ter em conta que sua aplicação na realidade histórica do Brasil é totalmente diferente da escala evolutiva proposta por Marshall e Norberto Bobbio quando analisam o cenário europeu. Em obra paradigmática sobre o assunto, o historiador José Murilo

---

2002. p. 27-28. Tais seriam os direitos das futuras gerações (direitos transgeracionais), em que os casos de manipulação genética, a criação laboratorial de plantas transgênicas, o mapeamento genético e a clonagem, por exemplo, interfeririam diretamente não apenas na dignidade das gerações futuras, mas também na nossa (CUNHA, José Ricardo. "Direitos humanos numa perspectiva pós-moderna?", op. cit., p. 22- 35).

[74] MARSHALL, T. H. *Cidadania, classe social e status*. Rio de Janeiro: Zahar, 1967.
[75] BOBBIO, Norberto. *A era dos direitos*. São Paulo: Campus, 1992. p. 1-10.
[76] SARLET, Ingo Wolfgang (Org.). *A eficácia dos direitos fundamentais*, 2004a, op. cit., p. 52-53; CATTONI DE OLIVEIRA, Marcelo Andrade. *Direito constitucional*. Belo Horizonte: Mandamentos, 2002. p. 103 e segs. Antonio Augusto Cançado Trindade é outro crítico da adoção de uma divisão geracional dos direitos humanos, afirmando que as gerações correspondem a "uma visão atomizada ou fragmentada" dos direitos humanos no tempo, transmitindo uma ideia de sucessão e não de complementação. Cf. TRINDADE, Antonio Augusto Cançado. *Tratado de direito internacional dos direitos humanos*. Porto Alegre: Safe, 1997. v. 1, p. 24-25.
[77] "O problema fundamental em relação aos direitos do homem, hoje, não é tanto o de justificá-los, mas o de protegê-los. Trata-se de um problema não filosófico, mas político" (BOBBIO, Norberto. *A era dos direitos*, 1992, op. cit., p. 24).

de Carvalho comprova que o Brasil teve no "varguismo" populista uma fase inicial que apresentava um protótipo de direitos sociais, sem que houvesse, no entanto, direitos individuais e políticos assegurados. Posteriormente, passou-se a uma etapa em que emergiram os direitos coletivos e eram ampliados paulatinamente os direitos políticos, os quais somente vieram a ser definitiva e completamente reconhecidos com o advento da Carta de 1988, quando ficou firmado o sufrágio universal. Já em relação aos direitos civis, pioneiros na evolução europeia, ainda pairam sérias dúvidas quanto a sua existência concreta no seio da sociedade brasileira, mesmo estando eles previstos formalmente no texto constitucional.[78]

Contextualização dos direitos humanos e fundamentais na atualidade

Com o advento e a intensificação do fenômeno da globalização, os direitos humanos e os direitos fundamentais sofreram enormes impactos nas suas estruturas tradicionais e passaram a ser permeados por elementos positivos e negativos. Primeiramente, cumpre esclarecer que, ao tratar do tema globalização, não se está, necessariamente, tratando de um pensamento político específico dos espectros da esquerda ou da direita, mas sim de diversos movimentos políticos, econômicos, culturais e sociais de caráter global, os quais tornam possível a existência não apenas da globalização representada pelo ideário (neo)liberal capitalista – conhecida como *hegemônica* –, como também das chamadas contra-hegemônicas,[79] que representam movimentos de resistências e alternativas ao modelo preponderante.

---

[78] Cf. CARVALHO, José Murilo de. *Cidadania no Brasil*: o longo caminho. Rio de Janeiro: Civilização Brasileira, 2004.
[79] Cf. SANTOS, Boaventura de Sousa; AVRITZER, Leonardo. Para ampliar o cânone democrático. In: SANTOS, Boaventura de Sousa (Org.). *Democratizar a democracia*: os caminhos da democracia participativa. Rio de Janeiro: Civilização Brasileira, 2002. p. 39-82.

Como são dotadas de elementos positivos e negativos, as diferentes globalizações proporcionaram aos direitos humanos e aos direitos fundamentais, simultaneamente, uma série de avanços e retrocessos. Pelo lado positivo, pode-se destacar (i) *o caso Amina* – uma nigeriana acabou não sendo punida por adultério, com a pena de apedrejamento, devido aos fortes apelos da comunidade internacional, mobilizada pela mídia e pela internet; (ii) a criação e a expansão do Fórum Social Mundial, que faz parte da globalização contra-hegemônica; (iii) a criação de uma mídia global e pretensamente universal; e (iv) o fim do regime do *apartheid* na África do Sul – por meio de embargos econômicos e da atuação da ONU em nome da comunidade internacional. Já pelo lado negativo, cabe salientar a (i) crise do conceito de soberania nacional, vez que os Estados nacionais têm cada vez menos viabilidade para elaborar e implementar políticas públicas, porquanto estão vinculados a pautas supranacionais alheias a sua capacidade de ingerência; (ii) o expansionismo do caráter (neo)liberal do processo de globalização hegemônica, que diminui as preocupações sociais do Estado e enfatiza a regulação social pelo mercado – substituição do conceito de cidadão pelo de consumidor; (iii) os riscos sociais globais criados pelas reviravoltas do mercado internacional de investimentos, *exempli gratia*, uma crise econômica como a que acometeu os tigres asiáticos na década de 1990 pode desestabilizar inúmeros países em questão de segundos; e (iv) a proliferação da pobreza e da miséria em prol de políticas bélicas e mercadológicas. Destarte, há de se refletir acerca da medida em que são compatíveis ou não direitos humanos, direitos fundamentais e globalizações.

Regime constitucional dos direitos fundamentais

Definição de direitos fundamentais

A definição acerca do que consistem precisamente os direitos fundamentais é tarefa deveras complexa, pois varia conforme o posicionamento político, filosófico, sociológico ou antropológico adotado pelos seus formuladores. Assim, costumam ser apresentadas tradicionalmente três definições: (i) uma de cunho positivista, que entende os direitos fundamentais como os contidos no diploma normativo supremo do ordenamento jurídico; (ii) uma de viés jusnaturalista, que concebe os direitos fundamentais como valores naturais; e (iii) uma de caráter culturalista, que contextualiza os direitos fundamentais de acordo com matrizes histórico-culturais. Segundo Ingo Wolfgang Sarlet:

> Direitos fundamentais são, portanto, todas aquelas posições jurídicas concernentes às pessoas, que, do ponto de vista do direito constitucional positivo, foram, por seu conteúdo e importância (fundamentalidade em sentido material), integradas ao texto da Constituição e, portanto, retiradas da esfera de disponibilidade dos poderes constituídos (fundamentalidade formal), bem como as que, por seu conteúdo e significado, possam lhes ser equiparadas, agregando-se à Constituição material, tendo, ou não, assento na Constituição formal (aqui considerada a abertura material do Catálogo).[80]

Vale ressaltar que a ideia central da dignidade da pessoa humana, critério geral para aferição da fundamentalidade dos direitos humanos, simboliza a grande virada antropocêntrica da Modernidade, segundo a qual cada ser humano deve ser tido como um fim em si mesmo pelo ordenamento jurídico.[81]

---

[80] SARLET, Ingo Wolfgang (Org.). *A eficácia dos direitos fundamentais*, 2004a, op. cit., p. 89.
[81] Sobre a dignidade da pessoa humana e os fundamentos filosóficos que lhe servem de legitimidade, confira: BARBOSA, Ana Paula Costa. A fundamentação do princípio da dignidade da pessoa humana. In: TORRES, Ricardo Lobo (Org.). *Legitimação dos direitos humanos*. Rio de Janeiro: Renovar, 2002. p. 51-97.

Delimitação terminológica: direitos humanos, direitos fundamentais e direitos humanos fundamentais

Embora haja quem entenda tratar-se de sinônimos,[82] a doutrina majoritária emprega as expressões *direitos humanos* e *direitos fundamentais* com sentidos distintos.[83] Geralmente, os direitos fundamentais são considerados como os direitos humanos positivados no texto constitucional, implícita ou explicitamente, dentro e fora dos catálogos. Por seu turno, os direitos humanos denotam uma concepção de cunho mais político-filosófico do que propriamente jurídico, de maneira que, para existirem e serem reconhecidos, não precisam estar previstos positivamente em textos de constituições e/ou convenções/tratados internacionais. Por fim, passou-se, também, a utilizar na doutrina a expressão *direitos humanos fundamentais*, que faz referência aos direitos humanos positivados em diplomas normativos de

---

[82] TORRES, Ricardo Lobo. A cidadania multidimensional na era dos direitos. In: ____ (Org.). *Teoria dos direitos fundamentais*. Rio de Janeiro: Renovar, 1999. p. 239-336.
[83] Por todos, confira-se: SARLET, Ingo Wolfgang (Org.). *A eficácia dos direitos fundamentais*, 2004a, op. cit., p. 33 e segs.; SARMENTO, Daniel. Direitos sociais e globalização: limites ético-jurídicos para o realinhamento constitucional. *Revista de Direito Administrativo*, n. 223, p. 153-168, 2001. A título ilustrativo, podemos citar as classificações utilizadas por Enrique Pedro Haba e Gregório Peces-Barba Marínez. O primeiro faz uma classificação em três esferas: direitos humanos (entendidos em seu aspecto axiológico e que servem como base para sua positivação legal); direitos fundamentais (analisados como a expressão legislativa da dimensão valorativa original); e liberdades individuais (vistas como as liberdades que se concretizam nas relações sociais, enfim, a manifestação fática dos direitos positivados). O segundo, por sua vez, consagra todas as definições supramencionadas na denominação única de direitos fundamentais, entendendo que "todos os direitos são humanos visto que somente o ser humano é capaz de ter e exercer sua personalidade jurídica enquanto sujeito de direitos". Cf. DORNELLES, João Ricardo W. "Notas sobre a fundamentação jurídico-filosófica dos direitos humanos", 1991, op. cit., p. 31 e segs. Segundo Paulo Bonavides, a expressão "direitos humanos" e "direitos do homem" é mais frequentemente empregada por autores anglo-americanos e latinos, em face de sua própria tradição e história, enquanto que a expressão "direitos fundamentais" é de preferência dos publicistas alemães (BONAVIDES, Paulo. *Curso de direito constitucional*, 2004, op. cit.).

caráter internacional ou supranacional,[84] tais como os tratados, as convenções e os pactos internacionais.

Características dos direitos fundamentais

Em razão de sua natureza, de suas funções, de suas formas de aplicação e de suas especificidades dentro da seara do direito constitucional, os direitos fundamentais possuem diversas características, as quais passam a ser analisadas abaixo: universalidade, relatividade, superconstitucionalidade, aplicabilidade imediata, não exaustividade (atipicidade ou princípio da cláusula aberta), força expansiva, inexauribilidade, historicidade, interdependência (indivisibilidade), eficácia *erga omnes*, dupla dimensão (objetiva e subjetiva), inalienabilidade e imprescritibilidade. Vejamos:

❏ *Universalidade*. Todo ser humano é titular de direitos humanos e de direitos fundamentais pelo simples fato de existir. Como não são direitos estamentais, apenas de um grupo ou de certos nacionais, decorrem de uma concepção da dignidade da pessoa humana, segundo a qual o ser humano tem de ter direitos (postulado civilizatório pós-1789). Porém, atualmente há uma tendência cada vez maior de especificação das abordagens em casos específicos. Assim, passa-se a analisar o ser humano em concreto, por meio da proteção e da adoção de medidas positivas (ações afirmativas) voltadas para grupos de minorias sexuais, étnicas, silvícolas, de deficientes físicos etc.[85]

---

[84] SARLET, Ingo Wolfgang. *A eficácia dos direitos fundamentais*, 2004a, op. cit., p. 33-41.
[85] Cf. PECES-BARBA MARTÍNEZ, Gregorio. *Curso de derechos fundamentales*. Madri: Universidade Carlos III, 1999. Vale ressaltar que esse caráter universal não se insere no debate *universalismo* versus *multiculturalismo*. A característica da universalidade dos direitos humanos não significa que não se possa levar em conta determinadas especi-

❑ *Relatividade*. Os direitos fundamentais não são absolutos,[86] pois, devido a sua multiplicidade e ao fato de integrarem sociedades pluralistas, geram tensões que denotam sua relatividade ao entrar em conflito com outros direitos fundamentais e com bens coletivos da mesma importância, assim estando sempre sujeitos à ponderação em sua aplicação no caso concreto, especialmente nos chamados *casos difíceis*.[87] Exemplo clássico dessa relatividade é o conflito liberdade de expressão *versus* direito de privacidade criado no caso de um parlamentar ser flagrado pela imprensa em um ato de sua vida privada. Nesses casos, discute-se sempre a proibição ou não da publicação das fotos do episódio e entra em jogo a supremacia do interesse público (direito à informação) ou dos direitos fundamentais do flagrado (direito à privacidade). Em casos como este, em que há colisão entre direitos fundamentais, deve ser feita uma ponderação à luz dos princípios da razoabilidade e da proporcionalidade (o tema será abordado em maior detalhe na seção "A vinculação dos particulares aos direitos fundamentais").

❑ *(Super)constitucionalidade*. Os direitos fundamentais estão presentes na Constituição e vinculam o Poder Legislativo.[88] No caso brasileiro, eles ainda são cláusulas pétreas e vinculam também o poder constituinte derivado. Segundo Oscar Vilhena Vieira, pelo menos em seu núcleo básico, os direitos

---

ficidades de grupos humanos; afinal determinadas minorias ostentam certos direitos que outros grupos mais poderosos não possuem.

[86] De acordo com o pacto da ONU, só existem dois direitos absolutos: os direitos a não ser escravizado e a não ser torturado (arts. 3º a 7º da Declaração dos Direitos do Homem e do Cidadão, de 1948).

[87] Cf. SARMENTO, Daniel. *A ponderação de interesses na Constituição Federal*. 2. tir. Rio de Janeiro: Lumen Juris, 2002. p. 97 e segs.

[88] SARMENTO, Daniel. *Direitos fundamentais e relações privadas*. Rio de Janeiro: Lumen Juris, 2004a, p. 133 e segs.

fundamentais constituem limites inclusive para o poder constituinte originário.[89]

❏ *Aplicabilidade imediata*. Trata-se de um princípio que tem previsão expressa no art. 5º, §1º, da CRFB e não levanta maiores perplexidades para os direitos de defesa, mas sim para os direitos prestacionais (sociais), pois possui força normativa e indica comandos a serem adotados. Nem sempre a extensão dessa cláusula aos direitos prestacionais[90] já vem definida pela CRFB, como, *exempli gratia*, nos arts. 6º e 196 da CRFB/1988, em que há uma indeterminação semântica.

❏ *Não exaustividade*. De acordo com o art. 5º, §2º, da CRFB, os direitos fundamentais não correspondem somente aos previstos no catálogo de seu art. 5º, podendo ser encontrados ainda ao longo de todo o texto da Constituição, bem como nos tratados internacionais que o Brasil tenha ratificado. Assim, para identificar um direito como fundamental, há de se aferir sua fundamentalidade formal e material. Quanto aos direitos descritos fora do catálogo ou aos não escritos, costumam-se adotar dois fundamentos distintos para tal aferição: (i) a dignidade da pessoa humana;[91] e (ii) o princípio da liberdade (como autonomia ou livre-arbítrio).[92]

---

[89] VIEIRA, Oscar Vilhena. *A Constituição e sua reserva de justiça*: um ensaio sobre os limites materiais ao poder de reforma. São Paulo: Malheiros, 1999. p. 224 e segs. Sobre a discussão acerca da vinculação ou não do poder constituinte originário aos direitos humanos, confira-se: SILVA, Paulo Thadeu Gomes da. *Os direitos humanos como limitação material ao exercício do poder constituinte originário*. Dissertação (Mestrado) – Pontifícia Universidade Católica do Rio de Janeiro, Rio de Janeiro, 1997.

[90] Tais direitos envolvem recursos financeiros e orçamentários para sua implementação, de maneira que surge a celeuma acerca de quem e como se faz a escolha sobre essas prioridades: o juiz ou o legislador? Sobre o tema – legitimação democrática do Judiciário –, confira-se: GALDINO, Flávio. O custo dos direitos. In: TORRES, Ricardo Lobo (Org.). *Legitimação dos direitos humanos*. Rio de Janeiro: Renovar, 2002. p. 139-223.

[91] SARLET, Ingo Wolfgang. *A eficácia dos direitos fundamentais*, 2004a, op. cit., p. 107; SARMENTO, Daniel. *A ponderação de interesses na Constituição Federal*, 2002, op. cit., p. 70.

[92] Posição adotada por Ricardo Lobo Torres ("A cidadania multidimensional na era dos direitos", 1999, op. cit., p. 239-336).

- *Força (vis) expansiva.* Uma de suas ideias é a eficácia irradiante dos direitos fundamentais,[93] segundo a qual se deve conferir sempre maior amplitude à extensão do direito fundamental quando de sua aplicação. Assim, configura-se uma lógica de interpretação extensiva dos direitos fundamentais e de interpretação restritiva das limitações aos direitos fundamentais. Exemplo: para a proteção do direito fundamental à inviolabilidade de residência (art. 5º, XI, da CRFB), a interpretação da expressão *casa* abrangeria também *escritório, fazenda, quarto de hotel* etc.
- *Imprescritibilidade e inalienabilidade (indisponibilidade).* A qualidade de titular de direito fundamental não é prescritível ou disponível, mas certos exercícios de direitos fundamentais o são, de maneira que estes últimos podem ser alienados desde que de forma voluntária e não atentatória à dignidade da pessoa humana. Assim, *exempli gratia*, os direitos à imagem e à honra (art. 5º, X, da CRFB) são imprescritíveis, mas pode prescrever o direito à indenização no caso de não ser promovida tempestivamente a ação judicial cabível. Ademais, admite-se o convencimento livre para restrição ao exercício de direitos desde que não se atinja a dignidade da pessoa humana, como no caso do direito à intimidade em *reality shows* (*Big Brother* e/ou *Casa dos Artistas*).
- *Inexauribilidade.* Os direitos fundamentais constituem um horizonte de sentidos, de maneira que não se pode afirmar que serão, algum dia, tutelados plenamente; afinal, novas demandas e complexidades sociais e humanas certamente surgirão, fazendo com que se adotem novas medidas. Segundo Norberto Bobbio e Hannah Arendt, os direitos humanos não são algo

---

[93] SARMENTO, Daniel. *Direitos fundamentais e relações privadas*, 2004a, op. cit., p. 154-160.

dado e concluído, mas sim componentes de um processo intermitente de construção que nunca atinge um fim.[94]

❏ *Historicidade*. No sentido da sua inexauribilidade, os direitos fundamentais não são invariáveis, mas sim construções históricas moldadas pelas marcas de cada período da trajetória humana na vida em sociedade. Sem embargo, isso não significa que para reconhecer a característica da historicidade seja preciso aderir à tese culturalista (relativista), segundo a qual os direitos humanos e fundamentais refletem as demandas e peculiaridades específicas de cada povo, sem qualquer pretensão universal e derivam de longa evolução.[95]

❏ *Interdependência*. Um tipo de direito fundamental depende da proteção dos outros tipos para sua tutela eficaz, ou seja, tendo por base a teoria das gerações (ou dimensões) de direitos, há de se ter sempre em conta a existência de uma relação de complementaridade entre, de um lado, direitos civis e políticos, e, de outro, direitos sociais e econômicos, só se podendo falar na proteção de uns na medida em que os outros forem efetivamente tutelados.[96]

---

[94] BOBBIO, Norberto. *A era dos direitos*, 1992, op. cit., p. 15-24; LAFER, Celso. *A reconstrução dos direitos humanos*: um diálogo com o pensamento de Hannah Arendt. São Paulo: Companhia das Letras, 1991.
[95] "Participam de um contexto histórico perfeitamente delimitado. Ampliam-se e se restringem conforme as circunstâncias histórico-temporais" (BULOS, Uadi Lammêgo. *Curso de direito constitucional*. São Paulo: Saraiva, 2010. p. 520).
[96] É o que a doutrina convencionou chamar de "tese da indivisibilidade dos direitos humanos", segundo a qual a efetividade de determinados direitos condiciona e é pressuposto da efetividade dos demais. Nas palavras de Flávia Piovesan, "sem a efetividade dos direitos econômicos, sociais e culturais, os direitos civis e políticos se reduzem a meras categorias formais, enquanto que, sem a realização dos direitos civis e políticos, ou seja, sem a efetividade da liberdade entendida em seu mais amplo sentido, os direitos econômicos e sociais carecem de verdadeira significação. Não há mais como cogitar da liberdade divorciada da justiça social, como também infrutífero é pensar na justiça social divorciada da liberdade" (PIOVESAN, Flávia. A Constituição Brasileira de 1988 e os tratados internacionais de proteção aos direitos humanos. In: ARAUJO, Nadia; BOUCAULT, Carlos Eduardo de Abreu (Org.). *Os direitos humanos e o direito internacional*. Rio de Janeiro: Renovar, 1999. p. 123). No mesmo sentido, Cinthia Robert e Danielle

❏ *Eficácia erga omnes.* De acordo com o modelo jurídico-político estadunidense, os direitos fundamentais afetam inclusive o Poder Legislativo, enquanto que no modelo europeu continental prepondera a ideia de soberania do Parlamento, pela qual se nega a extensão dos direitos fundamentais ao plano legislativo.[97]

❏ *Dupla dimensão (positiva e negativa).* Trata-se de conceber a Constituição como uma ordem aberta e fluida de valores que representa um sistema de direitos, garantias e princípios, cujo cerne é a dignidade da pessoa humana. Em seu processo de amadurecimento, durante os séculos XVIII e XIX, o direito público ficou pautado por sua dimensão subjetiva, que preconizava direitos individuais (negativos) oponíveis ao Estado pelos cidadãos. Com o advento de direitos sociais, no século XIX, e do Estado social, já no século XX, emergiu a dimensão objetiva do direito público e dos direitos fundamentais, segundo a qual certos bens e valores extrapolam a relação do direito subjetivo e se irradiam para outras relações, como ocorre hodiernamente, *exempli gratia*, com a impenhorabilidade do bem de família de pessoa solteira[98] (caso de eficácia

---

Marcial, para quem "os direitos sociais e econômicos são garantias socioeconômicas de exercício dos direitos individuais e políticos. Como ser livre para formar a consciência política, filosófica e religiosa (direitos individuais) sem acesso à educação (direito social), à livre expressão (direito individual) e a uma imprensa livre e democrática (direito econômico)? Como ter direito à vida, sem trabalho, justa remuneração, lazer e saúde?" (MARCIAL, Danielle; ROBERT, Cinthia. *Direitos humanos*: teoria e prática. Rio de Janeiro: Lumen Juris, 1999. p. xiv). A tese da indivisibilidade foi consagrada na Resolução nº 32/130 da Assembleia Geral das Nações Unidas, ao afirmar que "todos os direitos humanos, qualquer que seja o tipo a que pertençam, se inter-relacionam necessariamente entre si, e são indivisíveis e interdependentes" e na Declaração de Viena, de 1993, que, em seu §5º, reafirma a concepção da referida resolução. Cf. PIOVESAN, Flávia. "A Constituição Brasileira de 1988 e os tratados internacionais de proteção aos direitos humanos", 1999, op. cit., p. 123-124.

[97] Cumpre ressaltar que essa tese foi relativizada paulatinamente pela jurisdição constitucional.

[98] BRASIL. Superior Tribunal de Justiça. Penhora. Impenhorabilidade. Bem de família. Solteiro ou solitário. Casamento. Separação judicial. Partilha. Formal devidamente

irradiante). Segundo a teoria dos deveres de proteção, o direito à liberdade de locomoção implica uma abstenção do Estado para não impedir o indivíduo de ir e vir, assim como denota uma atuação positiva do Estado para viabilizar e promover tal direito por meio de medidas positivas.

A vinculação dos particulares aos direitos fundamentais

Embora a produção doutrinária e jurisprudencial sobre o tema ainda seja exígua no Brasil, recentemente ganharam fôlego os estudos sobre a incidência dos direitos fundamentais nas relações entre particulares, tendo sido seus principais propagadores na doutrina pátria os professores Ingo Wolfgang Sarlet, Daniel Sarmento e Gustavo Tepedino.[99]

A questão da incidência dos direitos fundamentais nas relações privadas apresenta inicialmente um desafio na sua delimitação terminológica. Estudiosos do assunto já lhe conferiram diversas alcunhas, entre as quais eficácia entre terceiros – *Drittwirkung* –, eficácia horizontal – *Horizontalwirkung* –, eficácia externa e *validez de los derechos fundamentales*.[100] Não obstante,

---

homologado. Descabimento da penhora. CPC, art. 655. Lei nº 8.001/1990, art. 1º. Uma vez realizada a partilha em processo judicial de separação, cujo formal foi devidamente homologado pelo juiz competente, não cabe a penhora de imóvel pertencente a apenas um dos cônjuges, pois a proteção ao bem de família, no caso, se estende ao imóvel no qual resida o devedor solteiro ou solitário (BRASIL. Superior Tribunal de Justiça. Recurso Especial nº 471.903-RS. Relator: ministro Luis Felipe Salomão. Julgamento em 6 maio 2010. *DJ*, 24 maio 2010).

[99] SARLET, Ingo Wolfgang (Org.). *Constituição, direitos fundamentais e direito privado*. Porto Alegre: Livraria do Advogado, 2003b; SARMENTO, Daniel. *Direitos fundamentais e relações privadas*, 2004a, op. cit.; TEPEDINO, Gustavo. O Código Civil, os chamados microssistemas e a Constituição: premissas para uma reforma legislativa. In: TEPEDINO, Gustavo (Coord.). *Problemas de direito civil-constitucional*. Rio de Janeiro: Renovar, 2000. p. 1-16.

[100] SARMENTO, Daniel. *Direitos fundamentais e relações privadas*, 2004a, op. cit., p. 7-8.

em seu livro sobre a presente temática, Daniel Sarmento adota tais nomenclaturas indistintamente.[101]

Dentro da tradição liberal clássica, tanto os direitos humanos quanto os direitos fundamentais foram formulados tendo como único destinatário o Estado. Dessa forma, somente o poder público ficaria vinculado às normas constitucionais de direitos e garantias, o que representa a chamada eficácia vertical dos direitos fundamentais. Sem embargo, verifica-se que cada vez mais a opressão e os atentados à dignidade humana e aos direitos fundamentais são provenientes também (às vezes, principalmente) de atores privados, nos mais diversos contextos (empresas, famílias, partidos políticos etc.), mesmo quando estão em jogo direitos cujo perfil denota uma ligação mais nítida com o Estado do que com relações entre particulares. Destarte, tendo em conta esse contexto contemporâneo, ao longo do século XX a doutrina e a jurisprudência passaram a reconhecer (por diversos pontos de vista) que os direitos fundamentais devem ser estendidos e irradiados no âmbito das relações privadas, aceitando assim a chamada eficácia horizontal dos direitos fundamentais, porém de maneira que se garanta: (i) a permanência do caráter expansivo dos direitos fundamentais; (ii) a espontaneidade das relações privadas; e (iii) a não supressão da autonomia de vontade das pessoas.

Diante dessa postura, passou-se a investigar como os direitos fundamentais seriam manejados nas relações entre particulares, uma vez que não é cabível conferir-lhes a mesma aplicação utilizada nas relações dos cidadãos com o Estado; afinal, se está diante de uma relação não hierárquica entre sujeitos titulares de direitos fundamentais. Em suma, não se pode simplesmente substituir o poder público por outro(s)

---

[101] Ibid., p. 8.

particular(es).[102] Dois exemplos sempre utilizados em paralelo são os do (i) pai que decide presentear um de seus filhos com um brinquedo caro e os demais com meras guloseimas e o da (ii) administração pública que está para escolher entre duas pessoas, com iguais condições, para ingressar em seus quadros, via concurso público, tendo uma delas ficado em primeiro lugar no certame. Poder-se-ia reivindicar um tratamento isonômico em ambos os casos? Há de se considerar, por um lado, que na relação entre cidadão e Estado há uma parte que é titular de direitos fundamentais (o cidadão) e outra que não é (o Estado) e, por outro, que nas relações privadas as duas partes são titulares de direitos fundamentais e que a autonomia privada (enquanto princípio de autodeterminação) também é um direito fundamental decorrente da dignidade da pessoa humana e merece ser levada em conta. Destarte, trata-se de sopesar os direitos fundamentais em conflito de maneira a compatibilizá-los e otimizá-los no caso concreto, tendo em conta a importância e o bom uso da autonomia individual (também, como direito fundamental, sujeita à ponderação), o que não quer dizer que os sujeitos individuais e as entidades privadas estariam equiparados ao Estado.

Numa análise de direito comparado, destacando-se os tratamentos dados nos Estados Unidos e na Alemanha como os mais paradigmáticos, há três linhas de conduta na abordagem e na aplicação da incidência dos direitos fundamentais nas relações entre particulares, quais sejam: (i) a *state action doutrine*; (ii) a

---

[102] Exemplo é o caso em que determinado religioso realiza uma festa em sua casa e não convida alguns vizinhos por serem macumbeiros, comunistas, judeus e *gays*, assim, conferindo tratamento não isonômico aos membros da vizinhança. Por outro lado, o mesmo tratamento desigual não poderia ser dispensado pelo Estado aos particulares em casos de competição ou concessão de benefícios.

teoria da eficácia indireta ou mediata; e (iii) a teoria da eficácia direta ou imediata.[103]

Antigamente adotada nos Estados Unidos, a *state action doutrine* apresenta duas premissas: (a) em princípio, os direitos fundamentais só vinculam o Estado e não adentram as relações privadas; e (b) o Congresso Nacional não pode elaborar normas que vinculem particulares a direitos fundamentais, pois a competência legislativa para tal matéria é de exclusividade dos poderes legislativos dos estados. A partir de 1940, tal teoria foi atenuada por meio da *public function doutrine*, segundo a qual as entidades privadas, ao exercerem atividades de natureza estatal, passariam a ter o dever de respeitar os direitos fundamentais previstos na Constituição.[104]

A teoria da eficácia indireta ou mediata, adotada na Alemanha e defendida no Brasil por Gilmar Ferreira Mendes, sustenta que os direitos fundamentais são aplicados às relações privadas somente quando o legislador ordinário os regulamenta positivamente em tal seara (*exempli gratia*, na proteção ao consumidor, leva-se em conta somente o CDC, pois este já conteria as previsões constitucionais cabíveis sobre o assunto) ou no

---

[103] Cf. SARMENTO, Daniel. A vinculação dos particulares aos direitos fundamentais no direito comparado e no Brasil. In: BARROSO, Luís Roberto (Org.). *A nova interpretação constitucional*: ponderação, direitos fundamentais e relações privadas. Rio de Janeiro: Renovar, 2003. p. 193-284; PEREIRA, Jane Reis Gonçalves. Apontamentos sobre a aplicação das normas de direito fundamental nas relações jurídicas entre particulares. In: BARROSO, Luís Roberto (Org.). *A nova interpretação constitucional*: ponderação, direitos fundamentais e relações privadas. Rio de Janeiro: Renovar, 2003. p. 119-192.

[104] SARMENTO, Daniel. "A vinculação dos particulares aos direitos fundamentais no direito comparado e no Brasil", 2003, op. cit., p. 226-229. O caso que melhor simboliza a utilização dessa teoria pela Suprema Corte é o *Marshall vs. Alabama* (326 U.S. 501 – 1946), em que se declarou a inconstitucionalidade da proibição de pregações religiosas por parte de testemunhas de Jeová numa minicidade construída dentro das terras de uma empresa particular. O argumento invocado foi o de que, ao exercer esse tipo de atividade – criar, administrar e manter uma cidade particular –, tal empresa privada estaria equiparada ao Estado e, portanto, ficaria obrigada a respeitar os direitos fundamentais dos cidadãos.

preenchimento das cláusulas abertas e dos conceitos jurídicos indeterminados previstos na legislação privatista (*exempli gratia*, interpreta-se a boa-fé, os bons costumes e a função social do contrato à luz do sistema de valores e das premissas axiológicas da Constituição que estejam articuladas com a tutela dos direitos humanos).[105]

A teoria da eficácia direta ou imediata, sustentada no Brasil por Daniel Sarmento, Ingo Wolfgang Sarlet e Jane Gonçalves Reis Pereira,[106] assevera que os direitos fundamentais valem imediatamente no âmbito das relações privadas, independentemente de regulação pelo legislador ordinário, devendo ser sempre levadas em conta a autonomia de vontade e a liberdade dos particulares.

No Brasil, a jurisprudência tem demonstrado adoção da teoria da eficácia direta ou imediata. Pelo menos em duas oportunidades, o STF já adotou esta tese: (i) no caso Air France, aplicou-se o princípio da isonomia para determinar a equiparação de salários entre os funcionários brasileiros e franceses

---

[105] Vale citar um caso ocorrido na Alemanha, que poderia perfeitamente ter se passado no Brasil: ao saber que estava para estrear nos cinemas um filme de cunho discriminatório produzido por um cineasta nazista, determinado cidadão organizou um boicote coletivo contra tal filme. Devido aos prejuízos oriundos da bilheteria pífia, o cineasta ajuizou uma ação de perdas e danos contra o articulador do boicote, que se defendeu alegando que, embora sua conduta tenha causado danos, como os direitos fundamentais incidem nas relações privadas tal manifestação configurava uma forma de expressão da sua liberdade. Ao apreciar o caso, a Corte Constitucional Federal alemã reconheceu que, mesmo nos casos de responsabilidade civil, os direitos fundamentais se irradiam nas relações entre particulares, não tendo réu o dever de indenizar. Este é o famoso caso *Lüth*, decidido pela Corte Constitucional alemã em 1958 e que orientou as futuras decisões da Corte. Pode ser conferido na íntegra em CRUZ, Luis M. *La constituición como orden de valores*: problemas jurídicos y políticos. Un estúdio sobre los orígenes del neoconstitucionalismo. Granada: Comares, 2005. p. 14 e segs.

[106] SARLET, Ingo Wolfgang. *A eficácia dos direitos fundamentais*, 2004a, op. cit., p. 362 e segs.; SARMENTO, Daniel. *Direitos fundamentais e relações privadas*, 2004a, op. cit., p. 223 e segs.; PEREIRA, Jane Reis Gonçalves. "Apontamentos sobre a aplicação das normas de direito fundamental nas relações jurídicas entre particulares", 2003, op. cit., p. 119-192.

de tal companhia aérea, a qual, mesmo no Brasil, privilegiava seus nacionais;[107] e (ii) no caso da determinação da aplicação do devido processo legal (asseguramento do direito de defesa) dentro das instâncias administrativas de uma cooperativa, quando da exclusão de associados dos seus quadros.[108, 109] Em outra oportunidade, recentemente, posicionou-se claramente o STF pela adoção da tese da eficácia direta ou imediata dos direitos fundamentais, ocasião em que, decidindo sobre caso de extradição, afirmou a necessidade da aplicação dos parâmetros do devido processo legal, do estado de direito e do respeito aos direitos humanos, enfatizando a eficácia imediata dos direitos e garantias fundamentais, os quais integram a própria identidade constitucional, implicando a vinculação direta dos órgãos estatais a tais direitos.[110] Por seu turno, o STJ assim também se

---

[107] BRASIL. Supremo Tribunal Federal. Recurso Extraordinário nº 161.243-6-DF. Relator: ministro Carlos Velloso. Julgamento em 29 out. 1996.

[108] BRASIL. Supremo Tribunal Federal. Recurso Extraordinário nº 158.215-4-RS. Relator: ministro Marco Aurélio. DJ, 7 jun. 1997.

[109] "Turma, concluindo julgamento, negou provimento a recurso extraordinário interposto contra acórdão do Tribunal de Justiça do Estado do Rio de Janeiro que mantivera decisão que reintegrara associado excluído do quadro da sociedade civil União Brasileira de Compositores – UBC, sob o entendimento de que fora violado o seu direito de defesa, em virtude de o mesmo não ter tido a oportunidade de refutar o ato que resultara na sua punição – v. informativos 351, 370 e 385. Entendeu-se ser, na espécie, hipótese de aplicação direta dos direitos fundamentais às relações privadas. Ressaltou-se que, em razão de a UBC integrar a estrutura do ECAD – Escritório Central de Arrecadação e Distribuição, entidade de relevante papel no âmbito do sistema brasileiro de proteção aos direitos autorais, seria incontroverso que, no caso, ao restringir as possibilidades de defesa do recorrido, a recorrente assumira posição privilegiada para determinar, preponderantemente, a extensão do gozo e da fruição dos direitos autorais de seu associado. Concluiu-se que as penalidades impostas pela recorrente ao recorrido extrapolaram a liberdade do direito de associação e, em especial, o de defesa, sendo imperiosa a observância, em face das peculiaridades do caso, das garantias constitucionais do devido processo legal, do contraditório e da ampla defesa. Vencidos a Min. Ellen Gracie, relatora, e o Min. Carlos Velloso, que davam provimento ao recurso, por entender que a retirada de um sócio de entidade privada é solucionada a partir das regras do estatuto social e da legislação civil em vigor, sendo incabível a invocação do princípio constitucional da ampla defesa" (BRASIL. Supremo Tribunal Federal. RE nº 201.819-RJ. Relatora: ministra Ellen Gracie. Relator p/ acórdão: ministro Gilmar Mendes, 11 out. 2005).

[110] EXTRADIÇÃO E NECESSIDADE DE OBSERVÂNCIA DOS PARÂMETROS DO DEVIDO PROCESSO LEGAL, DO ESTADO DE DIREITO E DO RESPEITO AOS

posicionou em outros dois casos, quando decidiu que (i) o bem de família de homem solteiro é inalienável, em nome da proteção ao direito à moradia[111] e (ii) quando entendeu que deve ser afastada a prisão por alienação fiduciária por meio da incidência do princípio da dignidade da pessoa humana, com o fito de refutar o superendividamento causado pela cobrança de juros abusivos.[112] Portanto, por um lado, não é mais aceitável e não mais prevalece a noção clássica de que os direitos fundamentais consistem em mandamentos que possuem validade e aplicação somente vertical, ou seja, em uma relação hierárquica travada entre o(s) cidadão(s) e o Estado; por outro, dadas as necessárias peculiaridades da sua aplicação nas relações privadas, os direitos

---

DIREITOS HUMANOS. CONSTITUIÇÃO DO BRASIL, ARTS. 5º, §1º E 60, §4º. TRÁFICO DE ENTORPECENTES. ASSOCIAÇÃO DELITUOSA E CONFABULAÇÃO. TIPIFICAÇÕES CORRESPONDENTES NO DIREITO BRASILEIRO. NEGATIVA DE AUTORIA. COMPETÊNCIA DO PAÍS REQUERENTE. COMPETÊNCIA DA JUSTIÇA BRASILEIRA PARA O JULGAMENTO DO CRIME DE ASSOCIAÇÃO DELITUOSA. IMPROCEDÊNCIA: DELITO PRATICADO NO PAÍS REQUERENTE. FALTA DE AUTENTICAÇÃO DE DOCUMENTOS. IRRELEVÂNCIA: DOCUMENTOS ENCAMINHADOS POR VIA DIPLOMÁTICA. PEDIDO DE EXTRADIÇÃO DEVIDAMENTE INSTRUÍDO. Obrigação do Supremo Tribunal Federal de manter e observar os parâmetros do devido processo legal, do estado de direito e dos direitos humanos. 2. Informações veiculadas na mídia sobre a suspensão de nomeação de ministros da Corte Suprema de Justiça da Bolívia e possível interferência do Poder Executivo no Poder Judiciário daquele País. 3. *Necessidade de se assegurar direitos fundamentais básicos ao extraditando. 4. Direitos e garantias fundamentais devem ter eficácia imediata (cf. art. 5º, §1º); a vinculação direta dos órgãos estatais a esses direitos deve obrigar o Estado a guardar-lhes estrita observância. 5. Direitos fundamentais são elementos integrantes da identidade e da continuidade da constituição (art. 60, §4º). 6. Direitos de caráter penal, processual e processual-penal cumprem papel fundamental na concretização do moderno estado democrático de direito. 7. A proteção judicial efetiva permite distinguir o estado de direito do estado policial e a boa aplicação dessas garantias configura elemento essencial de realização do princípio da dignidade humana na ordem jurídica.* [...] Extradição deferida (Ext nº 986. Relator: ministro Eros Grau. Tribunal Pleno. Julgado em 15 ago. 2007. DJe 117. Divulgado em 4 out. 2007. Publicado em 5 out. 2007. *DJ*, 5 out. 2007. PP-00021. EMENT VOL-02292-01 PP-00030; grifos nossos).

[111] BRASIL. Superior Tribunal de Justiça. Recurso Especial nº 403.314-DF. Relator: ministro Barros Monteiro. Julgado em 21 mar. 2002.
[112] BRASIL. Superior Tribunal de Justiça. *Habeas Corpus* nº 12.547-DF. Relator: ministro Ruy Rosado de Aguiar. Julgado em 1 jun. 2000.

fundamentais não incidem horizontalmente da mesma forma que nas relações com o Estado.

Para uma adequada instrumentação da aplicação dos direitos fundamentais nas relações privadas, alguns *standards* foram formulados pela doutrina e devem ser levados em consideração, uma vez que sempre se terá de ponderar, por um lado, um direito fundamental pretensamente violado, e por outro, a autonomia da vontade (também constitucionalmente tutelada), que não pode ser desconsiderada na resolução dos casos concretos. São eles:

❏ *A análise do nível de desigualdade entre as partes na relação privada.* Quanto mais desigual for a relação entre as partes, maior será a incidência dos direitos fundamentais e mais se justifica a relativização do direito privado pelos direitos fundamentais; quanto menor for a desigualdade entre as partes, o peso da autonomia – autodeterminação – será mais importante do que os direitos fundamentais.

❏ *A análise da preponderância do tipo de autonomia em questão – existencial, negocial ou econômica.* Exemplos: (a) se o dono de uma padaria determina que não sejam vendidos pães para judeus, a autonomia negocial será relativizada; (b) se A não quer convidar B para ir a sua casa por ser negro ou comunista, prevalecerá o aspecto existencial, independentemente de quem seja B.

❏ *O grau de fundamentalidade do direito (relevância em face da dignidade da pessoa humana).* São completamente diferentes, *exempli gratia*, o caso de um grupo folclórico como o *Ileaiê*, da Bahia, que não aceita pessoas brancas em seus quadros por motivos culturais, e o de uma escola primária que alega não aceitar negros em seu corpo discente. Conforme se pode verificar, trata-se de bens jurídicos e valores cujos graus de fundamentalidade são diametralmente diferentes em face da ordem axiológica insculpida na Constituição, quais sejam: no primeiro caso, a preservação da cultura africana em detrimento de um tratamento isonômico; no segundo, a prevalência do direito à educação em relação à autonomia de contratar.

Por fim, vale ressaltar que, no âmbito do direito privado, a discussão acerca da eficácia dos direitos fundamentais (constitucionais) nas relações entre particulares tem sido propalada pelo grupo do chamado *direito civil constitucional*. Tendo como principais adeptos, no Brasil, os professores Gustavo Tepedino[113] e Luiz Edson Fachin e a professora Bodin de Moraes, tal grupo de civilistas contextualiza com percuciência a temática da eficácia dos direitos fundamentais nas relações entre particulares como consequência de um fenômeno jurídico (e político) maior: a constitucionalização do direito e a necessidade de realizar uma releitura do ordenamento infraconstitucional por meio da ótica da Constituição.[114]

A internacionalização dos direitos fundamentais e os tratados internacionais

Contextualização: avanços e impasses

Quando da formação dos Estados nacionais, já no século XVII, firmou-se, por meio do Pacto de Westfália (1648), o enten-

---

[113] Gustavo Tepedino apresenta o processo de descodificação do direito civil em três fases: a primeira surgiu com o Código Civil de 1916, quando a legislação extracodificada denominada legislação de emergência pretendeu apenas atender às pressões sociais; num segundo momento, a produção legislativa toma um robusto volume, surgindo assim um direito especial paralelo ao direito comum estabelecido pelo Código Civil. Por fim, a terceira fase, inaugurada pela CF/1988, foi denominada Era dos Estatutos, com o surgimento de microssistemas legislativos (Lei de Direito Autoral, ECA, CDC e outros) independentes do Código Civil, que perde sua centralidade de outrora, ensejando, dessa forma, a desconstrução do sistema fechado em torno do código. É a Constituição, portanto, que assume o centro do ordenamento jurídico (TEPEDINO, Gustavo. *Temas de direito civil*. Rio de Janeiro: Renovar, 2006. t. II. p. 23-33).
[114] Por todos, confira-se: MORAES, Maria Celina Bodin de. Constituição e direito civil: tendências. *Revista Direito, Estado e Sociedade*, Rio de Janeiro, n. 15, p. 95-113, ago./dez. 1999.

dimento de que o desrespeito a direitos de indivíduos por parte de um Estado somente seria alvo de verdadeira preocupação da comunidade internacional caso se tratasse de nacionais de outro Estado, não importando como agia em relação aos seus próprios cidadãos. Nesse último caso, considerava-se que se tratava de uma questão de soberania, ou seja, o assunto era interno e nenhum Estado poderia nele interferir.

Com o término da II Guerra Mundial (1939-1945), quando se atestou definitivamente o quanto o Estado pode violentar seus cidadãos, verifica-se a ocorrência de um momento histórico em que se pôs terra abaixo os ideais do Pacto de Westfália. A partir de então, tem-se como marco a *Declaração Universal dos Direitos do Homem* (1948), que deu início a um processo de elaboração de declarações e pactos internacionais pelos quais os Estados vieram a testificar sua vinculação aos direitos humanos, sendo estes limites para sua atuação.

Nesse sentido, após serem postulados e positivados em âmbito nacional, via de regra através das constituições, os direitos humanos passaram a transigir para uma fase de internacionalização de sua tutela com a virada para a segunda metade do século XX.[115] Dando propulsão a tal processo de transição na esfera internacional, imprimiram-se tônicas jurídicas e políticas, no trato com os direitos humanos, voltadas para uma internacionalização de seus mecanismos de proteção e promoção. Tal tendência parece acompanhar as mudanças no conceito clássico de soberania nacional, de maneira que os direitos e garantias dos cidadãos – que quase sempre nascem com aspirações morais revestidas de garantias políticas – agora passam a transcender os limites dos ordenamentos jurídicos internos dos Estados nacionais.

---

[115] PIOVESAN, Flávia. *Direitos humanos e o direito constitucional internacional*. São Paulo: Max Limonad, 1997.

Para efetivar a concretização desse ideário, a comunidade internacional deflagrou um grande processo de criação e expansão – em escala regional, internacional e supranacional – de mecanismos e órgãos de monitoramento dos direitos humanos, os quais podem ser exemplificados, respectivamente, pela Convenção Europeia de Direitos Humanos, de 1950; pela Convenção dos Direitos Civis e Políticos, de 1966; pela Convenção dos Direitos Sociais e Econômicos, de 1966; pela Convenção Americana sobre Direitos Humanos – Pacto de São José da Costa Rica –, de 1969; pela Carta Africana de Direitos Humanos e dos Povos, de 1981; pela Corte Interamericana de Direitos Humanos, criada em 1953; pela Corte Europeia de Direitos Humanos, criada em 1961; pelo Tribunal Penal Internacional – instituído pelo Estatuto de Roma[116] – criado em 1998, entre outros.

Considerando que as preocupações política e teórica com os direitos humanos devem estar sempre incorporadas à práxis das relações internacionais, tem-se claro que tal processo ainda é incipiente e apresenta grandes dificuldades para sua efetivação, quais sejam: (i) uma ineficácia prática, representada pela ausência de mecanismos coercitivos nas instâncias internacionais – não há sanção para o descumprimento de normas internacionais, mas apenas o *power of embarassment*; (ii) a não aderência à normativa internacional (tratados e convenções sobre direitos humanos) por parte de alguns Estados, como os EUA; e (iii) o problema do uso geopolítico e distorcido do discurso dos direitos humanos como forma de articulação de supremacias político-econômicas – *exempli gratia*, os EUA criticavam Cuba por práticas como o *paredón*, mas apoiavam o *apartheid* na Áfri-

---

[116] Após a incorporação do Estatuto de Roma pelo Decreto Legislativo nº 112 e pelo Decreto Presidencial nº 4.388, a Emenda Constitucional nº 45 inseriu um §4º no art. 5º da CRFB, *in verbis*: o Brasil se submete à jurisdição de Tribunal Penal Internacional a cuja criação tenha manifestado adesão.

ca do Sul, financiavam várias ditaduras e se recusam a aderir a pactos relativos à proteção de direitos humanos.

O debate universalismo *versus* multiculturalismo[117]

Embora também tenha uma propulsão jurídica e seja bastante estudado pelos especialistas do direito internacional público, o processo cada vez mais amplo e célere de internacionalização dos direitos humanos esbarra numa inevitável discussão teórica, que abrange os campos da filosofia, da sociologia, da política e até da antropologia. Trata-se do complexo debate travado entre universalistas e multiculturalistas acerca da origem e do desenvolvimento dos direitos humanos. Pautado por diferentes pretensões, por um lado de expansão e por outro de resistência, em relação a modelos político-jurídicos elaborados em documentos normativos internacionais e supranacionais, tal debate apresenta um choque entre culturas diferentes e concepções até mesmo antagônicas sobre a existência humana. Dessa forma, *exempli gratia*, em que medida a sociedade ocidental poderia aceitar práticas comuns em alguns países do Oriente, tais como a extirpação de clitóris e a poligamia? Por outro lado, até que ponto alguns países da sociedade oriental podem conceber como aceitáveis certas práticas comuns na maior parte do Ocidente, como a laicidade do Estado, a igualdade entre homens e mulheres e a monogamia? Dentro desse quadrante, visando analisar o que diz respeito ou não à matéria de violação a direitos humanos, formaram-se dois polos de pensamento contrapostos, representados pelo universalismo e pelo multiculturalismo.

---

[117] Cf. PIOVESAN, Flávia. A universalidade e a indivisibilidade dos direitos humanos: desafios e perspectivas. In: BALDI, César Augusto (Org.). *Direitos humanos na sociedade cosmopolita*. Rio de Janeiro: Renovar, 2004. p. 45-71.

Dotado de inspiração kantiana, o universalismo tem como um de seus expoentes o filósofo alemão Habermas,[118] que, considerando os direitos humanos como calcados nas ideias do agir comunicativo e do diálogo intersubjetivo, concebe a possibilidade da existência de uma espécie comum de direito humano em qualquer lugar e a qualquer tempo. Portanto, considera-se que a cultura é um elemento importante e que deve ser levado em conta, mas não é aquele que delimita e define a natureza humana. Em suma, o homem é tido como um valor *per se*, independentemente do contexto da comunidade em que esteja inserido.[119]

---

[118] Entre suas inúmeras obras, Habermas apresenta sua posição universalista dos direitos humanos, por exemplo, em: HABERMAS, Jürgen. *Direito e democracia*: entre facticidade e validade. Trad. Flávio Beno Siebeneichler. Rio de Janeiro: Tempo Brasileiro, 2003. v. I. Cf. também HABERMAS. Jürgen. *A inclusão do outro*. 2. ed. São Paulo: Loyola, 2004. Na verdade, Habermas se posiciona a favor do universalismo, mas sem perder de vista a dimensão eminentemente social do indivíduo e a importância do ambiente sociocultural para a formação da identidade do "eu". Seu universalismo está calcado não nos conteúdos das normas, mas no procedimento para chegar à validação de determinada norma. "O universalismo dos princípios jurídicos reflete-se, com certeza, em um *consenso procedimental* que certamente precisa estar circunscrito por um *patriotismo constitucional* – por assim dizer –, no contexto de uma respectiva cultura política historicamente determinada" (HABERMAS. Jürgen. *A inclusão do outro*, 2004, op. cit., p. 263, grifos no original). Sua divergência em relação aos comunitaristas, como Charles Taylor, e aos republicanos, como Rousseau, se dá, portanto, na excessiva importância que conferem à ética comunitária, aos valores inscritos dentro de determinada cultura que parecem aprisionar o indivíduo dentro de determinado contexto cultural sem lhe possibilitar a escolha daquilo que ele, por si só, pretenda seguir ("a defesa de formas de vida e tradições geradoras de identidade deve servir, em última instância, ao reconhecimento de seus membros; ela não tem de forma alguma o sentido de uma preservação administrativa das espécies. [...] Pois uma garantia de sobrevivência iria justamente privar os integrantes da liberdade de dizer sim ou não, hoje tão necessária à aprovação e manutenção de uma herança cultural"). Adiante, completa o filósofo de Frankfurt: "Em sociedades multiculturais, a coexistência equitativa das formas de vida [...] significa a chance de poder confrontar-se com sua cultura de origem – como com qualquer outra –, dar-lhe continuidade ou transformá-la, ou ainda a chance de distanciar-se com indiferença de seus imperativos, para viver a partir daí com a marca deixada por uma ruptura consciente com a tradição ou então com a identidade cindida. A mudança acelerada das sociedades modernas manda pelos ares todas as formas estacionárias de vida" (ibid., p. 258, 260).

[119] Cf. PIOVESAN, Flávia. "A universalidade e a indivisibilidade dos direitos humanos", 2004, op. cit., p. 45-71.

Por seu turno, possuindo inspiração rousseauniana e tendo como principais defensores o sociólogo português Boaventura de Sousa Santos e o filósofo canadense Charles Taylor, o multiculturalismo[120] sustenta que os direitos humanos são fruto do processo histórico (e não de valores superiores) e têm raízes e matrizes culturais próprias de cada povo e de cada período do desenvolvimento humano.

Não obstante os argumentos invocados por ambas as partes, há de se considerar que a questão da universalização da tutela dos direitos humanos possui alguns empecilhos pragmáticos, entre os quais: (i) a heterogeneidade cultural, representada pelos contrastes entre as diferentes origens étnicas e sociais de cada tipo de aglomeração existente no mundo; e (ii) a dificuldade encontrada por mecanismos globais de tutela – que, em regra, não podem intervir num Estado caso este não cumpra certa determinação –, que poderia ser suprida pelas denominadas intervenções humanitárias, que consistem em instrumentos de intervenção internacional voltados para a tutela de direitos humanos.

O *status* constitucional dos tratados sobre direitos humanos

No que tange às relações entre Constituição e tratados internacionais, o STF adota a posição do chamado *monismo*

---

[120] Sobre o tema na literatura brasileira, confira-se: MAIA, Antonio Cavalcanti. Diversidade cultural, identidade nacional brasileira e patriotismo constitucional. *Casa de Rui Barbosa*, Rio de Janeiro, [s.d.]. Disponível em: <www.casaruibarbosa.gov.br/dados/DOC/palestras/Diversidade_Cultural/FCRB_DiversidadeCulturalBrasileira_AntonioCavalcanti.pdf>. Acesso em: 26 abr. 2006. Na literatura estrangeira, cf. GUTMAN, Amy (Ed.). *Multiculturalism*: examining "the politcs of recognition". Princeton: Princeton University Press, 1994, em que o debate travado entre Habermas e Taylor é apresentado nos artigos escritos por ambos os filósofos. Ainda sobre o vasto tema do multiculturalismo, cf. BENHABIB, Seyla. *Las reivindicaciones de la cultura*: igualdad y diversidad en la era global. Trad. Alejandra Vassallo. Buenos Aires: Katz, 2006; BENHABIB, Seyla. *Los derechos de los otros*: extranjeros, residentes y ciudadanos. Trad. Gabriel Zadunaisky. Barcelona: Gedisa, 2005.

moderado, segundo o qual são equiparadas hierarquicamente as normas internacionais e as normas infraconstitucionais. Dessa forma, em caso de antinomias, adota-se o critério cronológico, pois se exige a incorporação dos tratados no ordenamento jurídico interno por meio da legislação infraconstitucional, para que nele venham a ter aplicabilidade.[121]

Com base no art. 5º, §2º, da CRFB, discute-se acerca da estatura constitucional dos tratados sobre direitos humanos e, consequentemente, sobre a existência ou não de hierarquia entre as normas constitucionais e as provenientes de acordos internacionais firmados pelo Brasil para a ampliação do reconhecimento e da proteção a direitos humanos. Nesse caso, doutrina e jurisprudência têm se posicionado de forma dissonante.

Parcela respeitável da moderna doutrina brasileira[122] sustenta a estatura constitucional dos tratados internacionais sobre direitos humanos e entende que tais normas internacionais têm a mesma validade da Constituição, pois se trata de uma temática que não poderia ser manejada em nível infraconstitucional, vez que como lei ordinária pode ser revogada a qualquer momento. Um argumento utilizado pelos defensores dessa tese consiste na ideia de que a soberania tem como limite os direitos humanos, sendo o Estado nacional apenas um instrumento (meio) para atingir os direitos humanos (fim). Dentro dessa linha, invoca-se ainda o chamado *bloco de constitucionalidade*, cuja função é servir de parâmetro para a aferição do que é ou não constitucional. Atualmente, entende-se que tal bloco é composto pela

---

[121] Tal procedimento é regulado pelos arts. 49, 59 e 84, XVIII, parágrafo único da CRFB.
[122] Por todos, PIOVESAN, Flávia. *Direitos humanos e o direito constitucional internacional*, 1997, op. cit.; MELLO, Celso D. Albuquerque. O §2º do art. 5º da Constituição Federal. In: TORRES, Ricardo Lobo (Org.). *Teoria dos direitos fundamentais*. Rio de Janeiro: Renovar, 2004. p. 1-33.

Constituição, pelos tratados e pelas convenções internacionais sobre direitos humanos.

Por sua vez, o STF mudou seu entendimento sobre o tema, com a decisão acerca da inconstitucionalidade da prisão do depositário infiel (RE nº 349.703, RE nº 466.343, HC nº 87.585 e HC nº 92.566). Com efeito, antigamente[123] entendia o STF que os tratados internacionais sobre direitos humanos têm a mesma validade que as leis ordinárias e, portanto, podem ser revogados por lei posterior da mesma estatura. O argumento invocado era o da rigidez da Constituição, de maneira que os tratados não poderiam ser acoplados à *Lex Mater* por serem aprovados por maioria e não por três quintos dos membros do Congresso Nacional, tal como ocorre nos processos de emenda constitucional. Entretanto, em decisão sobre a prisão do depositário infiel, o STF firmou entendimento segundo o qual é ilícita a prisão civil do depositário infiel, qualquer que seja a modalidade do depósito, revogando expressamente a antiga Súmula 619, que admitia a referida prisão:

> Entendeu-se que a circunstância de o Brasil haver subscrito o Pacto de São José da Costa Rica, que restringe a prisão civil por dívida ao descumprimento inescusável de prestação alimentícia (art. 7º, 7), conduz à inexistência de balizas visando à eficácia do que previsto no art. 5º, LXVII, da CF ("não haverá prisão civil por dívida, salvo a do responsável pelo inadimplemento voluntário e inescusável de obrigação alimentícia e a do depositário infiel;").

---

[123] O STF afastava a aplicação das disposições da Convenção Americana sobre Direitos Humanos – Pacto de São José da Costa Rica –, de 1969, contra normas constitucionais. Por todos, confira-se o caso da admissão de prisão civil em alienação fiduciária (RE nº 225.386-3-GO. Relator: ministro Moreira Alves. Julgado em 2 jun. 1998).

Após muita discussão, prevaleceu na Corte a tese da supralegalidade da Convenção Americana, o que impediria que a disposição constitucional permitindo a prisão fosse regulamentada, tese defendida pelo ministro Gilmar Mendes no julgamento do RE nº 466.343-SP, restando vencidos os ministros Celso de Mello, Cezar Peluso, Ellen Gracie e Eros Grau, que a ela davam a qualificação constitucional.[124] Em 2009, foi editada súmula sobre o tema, firmando o entendimento de que "é ilícita a prisão do depositário infiel, qualquer que seja a modalidade do depósito".

Com o advento da EC nº 45, que trata da reforma do Judiciário, incluiu-se um §3º[125] no art. 5º da CRFB, que dispõe que os tratados e convenções internacionais sobre direitos humanos possuirão *status* constitucional se forem aprovados através do mesmo procedimento utilizado para a aprovação de emendas constitucionais. Destarte, emerge uma complexidade que demanda maiores reflexões: como fica a situação dos tratados sobre direitos humanos já incorporados ao ordenamento pátrio antes da EC nº 45? Deverão passar por novas deliberações para serem considerados como dotados de estatura constitucional?

Vale ressaltar que, até o presente momento, apenas a Convenção sobre o Direito das Pessoas com Deficiência, aprovada em 2009, adquiriu *status* constitucional.

---

[124] HC nº 87.585-TO. Relator: ministro Marco Aurélio. 3 dez. 2008. No julgamento do HC nº 92.566, restou "que o depositário judicial teria outra natureza jurídica, apartada da prisão civil própria do regime dos contratos de depósitos, e que sua prisão não seria decretada com fundamento no descumprimento de uma obrigação civil, mas no desrespeito ao múnus público (HC nº 92.566-SP. Relator Ministro Marco Aurélio, 3/12/2008)" (*Informativo STF*, n. 531). Ainda sobre o tema, confira os outros informativos do STF: 304, 449, 450, 471, 477, 498.
[125] Art. 5º, §3º, da CRFB (EC nº 45): "Os tratados e convenções internacionais sobre direitos humanos que forem aprovados, em cada Casa do Congresso Nacional, em dois turnos, por três quintos dos votos dos respectivos membros, serão equivalentes às emendas constitucionais".

Questões de automonitoramento

1. Após ler este capítulo, você é capaz de resumir os casos geradores do capítulo 4, identificando as partes envolvidas, os problemas atinentes e as possíveis soluções cabíveis?
2. Analise a incidência da teoria das gerações dos direitos fundamentais na realidade histórica do Brasil e indique as possíveis formas de relacionamento entre elas.
3. Elenque e explique as características dos direitos fundamentais.
4. Quais são as teorias aplicáveis para a instrumentação de incidência dos direitos fundamentais nas relações privadas?
5. Explique o fenômeno da internacionalização dos direitos fundamentais e analise a questão da estatura constitucional dos tratados sobre direitos humanos no Brasil, exemplificando com as decisões do STF sobre o tema.
6. Pense e descreva, mentalmente, outras alternativas para a solução dos casos geradores do capítulo 4.

3

Direitos fundamentais (II). Os direitos fundamentais sociais e sua eficácia jurídica. Proteção ao mínimo existencial, reserva do possível e princípio da proibição do retrocesso

Roteiro de estudo

Trajetória e contextualização dos direitos sociais

Muito embora as origens dos direitos sociais possam ser identificadas já no final do século XIX (inclusive por Bismarck, na Alemanha),[126] sua concretização efetiva só ocorreu no início do século XX, com as revoluções socialistas e com as constituições democráticas do México (1917) e de Weimar (1919).

Com o advento de novos regimes políticos e econômicos pautados pelas ideias socialistas e social-democratas, bem como pelas conquistas históricas das classes trabalhadoras, os direi-

---

[126] Cf. REGONINI, Glória. Estado do bem-estar. In: BOBBIO, Norberto et al. *Dicionário de política*. 5. ed. Trad. Carmem C. Varriale et al. Brasília: UnB, 2004. p. 416-419.

tos sociais ganharam destaque e passaram a exercer papel de centralidade nos ordenamentos jurídicos, principalmente do Ocidente. Destarte, seu auge vem a ser identificado pela figura então ascendente do Welfare State, que, calcado nas formulações teóricas de Keynes, apresentava uma lógica de acumulação econômica estatal direcionada para o custeio e para a promoção de políticas públicas voltadas para a implementação das necessidades mais básicas da população e dos ideários de justiça social e igualdade material.

Não obstante, o evidente declínio do Welfare State e das políticas públicas de custeio social na década de 1970 – em razão, entre outros fatores, do próprio fortalecimento do sistema estatal de seguridade social, do agigantamento da burocracia estatal e das diversas crises econômicas, como a do petróleo, em 1975 –, as principais constituições pós-ditatoriais do Ocidente (de cunho dirigente e programático) positivaram em seus textos generosos catálogos de direitos e garantias fundamentais, englobando e fomentando os direitos sociais. Tais são os exemplos de Portugal (1976), Espanha (1978) e Brasil (1988).[127]

Já na década de 1990, devido à pauta de ações governamentais fixada pelo chamado "consenso de Washington", verifica-se uma guinada na política econômica mundial – voltada para o redimensionamento do Estado e dos seus papéis – que determina para os países do Terceiro Mundo uma série de medidas neoliberalizantes, tais como a abertura dos mercados internos para o comércio internacional, a ampliação de facilidades para a proliferação de empresas multinacionais, a flexibilização das relações de trabalho e a realização de privatizações e desestatiza-

---

[127] Vale ressaltar que, não obstante a Lei Fundamental de Bonn (Constituição da Alemanha, de 1949) não tenha feito previsão expressa de direitos sociais, eles são reconhecidos como inseridos na cláusula do Estado social e são tutelados em nível constitucional mesmo sendo considerados direitos não positivados.

ções. Por fim, com a virada do milênio, constata-se um quadro de paradoxos em relação aos direitos sociais, pois, ao passo que (ainda) se encontram expressamente previstos em constituições como a brasileira de 1988, denotam uma total ineficiência na sua implementação material.

Feito esse apanhado histórico, cumpre apresentar a configuração dos direitos sociais na Constituição Federal de 1988 e na construção teórica da dogmática dos direitos fundamentais.

Primeiramente, vale ressaltar que a carta de 1988 conjugou em seu texto valores muito diferentes e heterogêneos – fruto da composição de interesses entre os grupos políticos contrapostos na Assembleia Constituinte de 1987-1988 –, o que muitas vezes cria anacronismos e dificulta a efetivação de diversos direitos sociais. Exemplos dessa dualidade são oferecidos, *exempli gratia*, por um lado, pela meta de redução das desigualdades sociais (art. 170, VII) e, por outro, pela livre concorrência (art. 170, IV).

Em elenco não exaustivo,[128, 129] o art. 6º da Constituição de 1988 apresenta uma série de direitos sociais, aos quais foram destinados capítulos específicos: direito à segurança – jurídica e pública (art. 5º, *caput*) –, direitos trabalhistas (art. 7º), direito de greve (art. 9º), direito de liberdade sindical (art. 8º a 11), direito à seguridade social (art. 194 e segs.), direito à saúde (art. 196 e segs.),[130] direito à assistência social (arts. 203 e 204), direito à educação (art. 205 e segs.), direito ao meio ambiente sustentável

---

[128] O fundamento invocado para a não exaustividade do art. 6º da CRFB encontra-se no art. 5º, §2º da própria Constituição.

[129] "Concluiu-se que o rol de garantias do art. 7º da CRFB não esgota a proteção aos direitos sociais, e que o art. 188 não cria novo direito, mas apenas especifica o que a Constituição já prevê ao tratar das garantias referentes ao acidente de trabalho" (ADI nº 639-DF. Relator: ministro Joaquim Barbosa, 2 jun. 2005).

[130] Vale ressaltar que o direito à saúde, na forma como é contemplado na Constituição, abrange a saúde física, moral, psíquica e espiritual, inclusive ensejando controvérsia na doutrina acerca da abrangência da "redefinição sexual biológica" (caso dos transexuais) em seu âmbito de proteção.

e saudável (art. 225 e segs.), entre outros previstos de forma esparsa ao longo de toda a sua extensão.[131]

Na seara da dogmática dos direitos fundamentais, há basicamente três classificações teóricas para os direitos sociais, quais sejam: (i) direitos trabalhistas e não trabalhistas; (ii) direitos originários e direitos derivados;[132] (iii) direitos prestacionais e direitos de defesa (ou liberdades sociais). Devido à sua maior importância no plano pragmático, tratar-se-á mais minuciosamente apenas da terceira classificação, com o fito de esclarecer que a distinção entre direitos prestacionais e direitos de defesa não se aplica apenas ao âmbito dos direitos fundamentais clássicos, mas também ao dos direitos sociais, podendo estes ser considerados de índole ambivalente por refletirem uma duplicidade de condutas por parte do Estado. Em outras palavras, conforme demonstram os direitos de greve e de liberdade sindical – que a rigor se aproximam mais de direitos individuais – nem todo direito social corresponde a uma prestação estatal.

Na sua obra sobre a eficácia dos direitos fundamentais, Ingo Wolfgang Sarlet cita o exemplo do direito à saúde, que, além de envolver prestações positivas do Estado para promover a prevenção e o tratamento de doenças, também corresponde ao direito dos particulares a que o Estado não viole as respectivas esferas individuais.[133]

---

[131] Exemplo clássico é o do direito à alimentação, previsto no art. 7, IV, da CRFB.

[132] Enquanto os direitos sociais originários podem ser extraídos diretamente da própria Constituição como direitos subjetivos (e.g., o direito a ingresso no ensino fundamental), os direitos sociais derivados, como é o caso do direito de acesso ao ensino superior, apesar de terem previsão constitucional, carecem de regulamentação no plano legislativo (infraconstitucional) para serem efetivados. Tal ocorreu no caso do Programa Universidade para Todos (ProUni), regulamentado pela Lei nº 11.096, em 13 de janeiro de 2005, que passou a englobar ações afirmativas, como o Fundo de Financiamento ao Estudante do Ensino Superior (Fies), regulamentado pelas leis federais nºs 10.846/2004 e 10.260/2001.

[133] Neste ponto, importa observar que, se o direito social estiver na sua dimensão defensiva – implicando uma abstenção por parte do Estado –, não há de se falar em preenchimento do mínimo existencial.

Eficácia jurídica dos direitos sociais

No âmbito da teoria da norma jurídica, costuma-se dividir a análise do fenômeno normativo em três planos distintos, conforme o momento da sua formação: existência, validade e eficácia. Conforme é cediço, a eficácia consiste na aptidão de uma norma jurídica para produzir efeitos concretos.[134]

No que tange às normas constitucionais relativas a direitos fundamentais, o art. 5º, §1º, da CRFB[135] prevê expressamente o chamado postulado da aplicabilidade imediata, o qual não denota claramente a incidência e os efeitos das normas em questão.[136] Ciente disso, a doutrina pátria vem se debruçando sobre o assunto e – levando em consideração sua estreita ligação com a compreensão que se venha a ter acerca do significado das chamadas normas programáticas (ou, conforme prefere Ingo Wolfgang Sarlet, "normas de cunho programático") – apresenta três posicionamentos acerca do sentido de tal norma em relação aos direitos sociais e da possibilidade de reconhecer direitos subjetivos (individuais ou sociais) com base em normas programáticas:

❑ Numa postura conservadora, considera-se que a eficácia imediata não é aplicável às normas que preveem direitos sociais, pois, devido à sua natureza de normas programáticas, dependem de leis específicas e políticas públicas voltadas para

---

[134] Nas palavras de Ana Paula de Barcellos: "Eficácia jurídica é um atributo associado às normas e consiste naquilo que se pode exigir, judicialmente se necessário, com fundamento em cada uma delas" (BARCELLOS, Ana Paula de. *A eficácia jurídica dos princípios constitucionais*: o princípio da dignidade da pessoa humana. Rio de Janeiro: Renovar, 2002a. p. 59).
[135] Art. 5º, §1º: "As normas definidoras dos direitos e garantias fundamentais têm aplicação imediata".
[136] SARLET, Ingo Wolfgang (Org.). *A eficácia dos direitos fundamentais*. 4. ed. Porto Alegre: Livraria do Advogado, 2004a. p. 269.

sua efetivação. Destarte, entende-se que os direitos sociais prestacionais não podem ser tutelados pelo Judiciário sem a previsão de lei (reserva orçamentária); do contrário, violar-se-ia o princípio da separação de poderes.[137]

❑ Numa posição intermediária, sustenta-se que os direitos fundamentais (incluídos os sociais) seriam diretamente aplicáveis através da interpretação direta da Constituição, salvo quando o texto constitucional dispuser em sentido contrário ou quando a própria norma não indicar dados elementares para sua aplicabilidade concreta.[138] Alexy reconhece que a questão do grau de eficácia do direito social depende de ponderação e, portanto, só é passível de aferição, no caso concreto, num exame perante o princípio da competência orçamentária do Legislativo, de maneira que a aplicabilidade imediata consiste num princípio e vale para os direitos fundamentais sociais dentro do plano jurídico e faticamente possível.[139, 140]

❑ Numa posição emancipatória dos direitos sociais, defende-se a tese de que todos os direitos fundamentais (individuais e sociais) podem ser diretamente efetivados (nas suas facetas negativa e positiva), pois, ao lado da norma do art. 5º, §1º, a

---

[137] FERREIRA FILHO, Manoel Gonçalves. *Direitos humanos fundamentais*. São Paulo: Saraiva, 1995.
[138] BASTOS, Celso Ribeiro; MARTINS, Yves Gandra da Silva. *Comentários à Constituição do Brasil*. São Paulo: Saraiva, 1989. v. II. p. 393 apud SARLET, Ingo Wolfgang. *A eficácia dos direitos fundamentais*, 2004a, op. cit., p. 257.
[139] Cf. SARLET, Ingo Wolfgang. *A eficácia dos direitos fundamentais*, 2004a, op. cit., p. 342-343. Nessa esteira, prossegue o professor Ingo aduzindo que, "de acordo com Alexy, apenas quando a garantia material do padrão mínimo em direitos sociais puder ser tida como prioritária e se tiver como consequência uma restrição proporcional dos bens jurídicos (fundamentais, ou não) colidentes, há como se admitir um direito subjetivo a determinada prestação social" (ibid., p. 343).
[140] Posicionando-se sobre o assunto, Ingo W. Sarlet assim se manifesta: "Todas as normas consagradoras de direitos fundamentais são dotadas de eficácia e, em certa medida, diretamente aplicáveis já ao nível da Constituição e independentemente de intermediação legislativa" (ibid., p. 289).

Constituição de 1988 criou mecanismos processuais (*exempli gratia*, o mandado de injunção e a ação de inconstitucionalidade por omissão) para evitar a omissão dos agentes públicos na consecução de tal mister.[141] Deste modo, advoga-se a lógica de que, por ser fundamental, qualquer direito tem justiciabilidade plena.[142]

Uma vez admitida a possibilidade de eficácia das normas constitucionais relativas a direitos fundamentais sociais, cumpre examinar as formas como elas incidem. Para tanto, existem dois estudos que merecem ser destacados. De acordo com Sarlet, as normas constitucionais de direitos fundamentais sociais apresentam as seguintes "cargas eficácias": (i) revogação de atos normativos anteriores que sejam com elas incompatíveis; (ii) imposição de vinculação à atuação do legislador; (iii) utilização como parâmetro de aferição da constitucionalidade de normas infraconstitucionais; (iv) funcionamento como diretriz interpretativa para os atos dos três poderes da República; (v) criação de posições jurídicas subjetivas em relação ao poder público; (vi) imposição de vedação ao retrocesso.[143]

---

[141] GRAU, Eros Roberto. *A ordem econômica na Constituição de 1988 (interpretação e crítica)*. 3. ed. São Paulo: Malheiros, 1997. p. 322 e segs.; RUSCHEL, Ruy Ruben. A eficácia dos direitos sociais. *Revista da Associação dos Juízes do Rio Grande do Sul (Ajuris)*, n. 58, p. 294 e segs., 1993. No mesmo sentido, afirmando a aplicabilidade imediata dos direitos sociais fundamentais, a jurisprudência do TJ/RJ. Cf., a título exemplificativo, Apelação nº 2009.227.02423. Desembargador Carlos Eduardo Passos. Julgamento em 22 jun. 2009. Segunda Câmara Cível.

[142] Nesse sentido: SARAIVA, Paulo Lopo. *Garantia constitucional dos direitos sociais no Brasil*. Rio de Janeiro: Forense, 1983; FIORANELLI JÚNIOR, Adelmo. Desenvolvimento e efetividade dos direitos sociais. *Revista da Procuradoria-Geral do Estado de São Paulo*, n. 41, p. 14 e segs., 1994; RUSCHEL, Ruy Ruben. "A eficácia dos direitos sociais", 1993, op. cit. No que tange ao mínimo existencial, Ricardo Lobo Torres entende que as normas constitucionais relativas a direitos sociais têm aplicabilidade imediata, independentemente da disponibilidade de dinheiro, pois se trata de uma questão ética dotada de fundamento na noção de liberdade (TORRES, Ricardo Lobo. *Os direitos humanos e a tributação*. Rio de Janeiro: Renovar, 1995).

[143] SARLET, Ingo Wolfgang. *A eficácia dos direitos fundamentais*, 2004a, op. cit., p. 289-293.

Por seu turno, Ana Paula de Barcellos compreende que, quando se tratar de pleito judicial para a efetivação de direitos sociais, estes devem ser prestados na medida do mínimo existencial ou da sua eventual previsão legislativa.[144] Nesta senda, as normas jurídicas relativas a direitos sociais apresentarão eficácia jurídica positiva ou simétrica, a qual

> autoriza exigir judicialmente a realização do efeito pretendido pela norma. Esta é a modalidade de eficácia jurídica padrão e também a única capaz de superar a violação da norma quando esta se opere através de um comportamento omissivo.[145]

Já nos demais casos, cumpriria a essas normas unicamente o *mister* de zelar pelas modalidades de eficácia negativa, vedativa do retrocesso e interpretativa.[146]

No debate concernente aos direitos fundamentais sociais e à sua eficácia, há três categorias que constituem princípios positivados na Constituição de 1988, pautam a dogmática político-constitucional e guardam uma elevada carga de polêmica. São eles: o mínimo existencial, a reserva do possível e a vedação ao retrocesso social.

Proteção ao mínimo existencial

Como já visto, com base na norma do art. 5º, §1º da Constituição Federal, admite-se, no ordenamento jurídico pátrio, a eficácia direta das normas que versam sobre direitos fundamentais, incluindo os direitos sociais, de maneira que, evidenciada

---

[144] BARCELLOS, Ana Paula de. *A eficácia jurídica dos princípios constitucionais*, 2002a, op. cit., p. 274.
[145] Ibid., p. 304.
[146] Ibid., p. 274.

omissão por parte da administração pública e/ou do Poder Legislativo, viabiliza-se o pleito em juízo de prestações positivas a serem realizadas pelo Estado, mesmo que a matéria não tenha sido objeto de regulamentação legislativa.[147]

Diante de tal situação, a doutrina passou a argumentar que a aplicação direta – por parte do Judiciário – de normas constitucionais relativas a prestações positivas destinadas à preservação e promoção da dignidade da pessoa humana e de direitos sociais envolveria um grave impasse jurídico-político, na medida em que analisar-se-ia em que limite tais medidas seriam contrárias ou compatíveis com o princípio majoritário e com o princípio da separação de poderes. Não obstante, argumenta-se, há de se considerar que tais fatores não consistem verdadeiramente em óbices para a efetivação direta de tais normas constitucionais, pois é hodiernamente indiscutível que: (i) a democracia não envolve somente a realização das vontades da maioria, mas também a preservação e o respeito aos direitos fundamentais das minorias, inclusive porque, sem estes direitos, os indivíduos não têm condições para exercer sua liberdade de participar de forma consciente do processo político democrático; (ii) a separação de poderes deve ser vista sob o prisma da teoria dos *checks and balances*, a qual refuta uma divisão estanque do exercício das

---

[147] MANDADO DE INJUNÇÃO – NATUREZA. Conforme disposto no inciso LXXI do art. 5º da Constituição Federal, conceder-se-á mandado de injunção quando necessário ao exercício dos direitos e liberdades constitucionais e das prerrogativas inerentes à nacionalidade, à soberania e à cidadania. Há ação mandamental e não simplesmente declaratória de omissão. A carga de declaração não é objeto da impetração, mas premissa da ordem a ser formalizada. MANDADO DE INJUNÇÃO – DECISÃO – BALIZAS. Tratando-se de processo subjetivo, a decisão possui eficácia considerada a relação jurídica nele revelada. APOSENTADORIA. TRABALHO EM CONDIÇÕES ESPECIAIS – PREJUÍZO À SAÚDE DO SERVIDOR – INEXISTÊNCIA DE LEI COMPLEMENTAR. ART. 40, §4º, DA CONSTITUIÇÃO FEDERAL. Inexistente a disciplina específica da aposentadoria especial do servidor, impõe-se a adoção, via pronunciamento judicial, daquela própria aos trabalhadores em geral – art. 57, §1º, da Lei nº 8.213/1991 (MI nº 721-DF. Relator: ministro Marco Aurélio. Julgamento em 30 ago. 2007).

funções estatais e denota uma ideia de atuação harmônica e complementar entre os poderes estatais.[148]

O ministro Celso de Mello, em seu voto na STA nº 175 (*Informativo STF*, n. 582), asseverou que

> é preciso enfatizar que o dever estatal de atribuir efetividade aos direitos fundamentais, de índole social, qualifica-se como expressiva limitação à discricionariedade administrativa. Isso significa que a intervenção jurisdicional, justificada pela ocorrência de arbitrária recusa governamental em conferir significação real ao direito à saúde, tornar-se-á plenamente legítima (sem qualquer ofensa, portanto, ao postulado da separação de poderes), sempre que se impuser, nesse processo de ponderação de interesses e de valores em conflito, a necessidade de fazer prevalecer a decisão política fundamental que o legislador constituinte adotou.[149]

Ao adentrar o debate, e visando contextualizá-lo na realidade brasileira, a doutrina pátria elaborou algumas definições acerca do que consiste a categoria do mínimo existencial. Segundo Ana Paula de Barcellos:

---

[148] BARCELLOS, Ana Paula de. *A eficácia jurídica dos princípios constitucionais*, 2002a, op. cit., p. 228-230.
[149] "EMENTA: Suspensão de Segurança. Agravo Regimental. Saúde pública. Direitos fundamentais sociais. Art. 196 da Constituição. Audiência pública. Sistema Único de Saúde – SUS. Políticas públicas. Judicialização do direito à saúde. Separação de poderes. Parâmetros para solução judicial dos casos concretos que envolvem direito à saúde. Responsabilidade solidária dos entes da Federação em matéria de saúde. Fornecimento de medicamento: Zavesca (miglustat). Fármaco registrado na ANVISA. Não comprovação de grave lesão à ordem, à economia, à saúde e à segurança públicas. Possibilidade de ocorrência de dano inverso. Agravo regimental a que se nega provimento" (STA nº 175 AgR. Relator: ministro Gilmar Mendes (presidente). Tribunal Pleno. Julgado em 17 mar. 2010. DJe-076 Divulgado em 29 abr. 2010. Publicado em 30 abr. 2010. EMENT VOL-02399-01 PP-00070).

O chamado mínimo existencial, formado pelas condições materiais básicas para a existência, corresponde a uma fração nuclear da dignidade da pessoa humana à qual se deve reconhecer a eficácia jurídica positiva ou simétrica.[150]

Por seu turno, Marcos Maselli Gouvêa assevera:

Consiste o mínimo existencial de um complexo de interesses ligados à preservação da vida, à fruição concreta da liberdade e à dignidade da pessoa humana.[151] [...] os direitos componentes do mínimo existencial, em linha de princípio, são efetivamente direitos sociais e econômicos [...].[152]

Por fim, nas palavras de um dos maiores difusores da temática no Brasil (Ricardo Lobo Torres), "há um direito às condições mínimas de existência humana que não pode ser objeto de intervenção do Estado e que ainda exige prestações estatais positivas".[153]

No que tange aos fundamentos do mínimo existencial, a doutrina pátria diverge e polariza-se em duas posições distintas. A primeira, capitaneada por Ricardo Lobo Torres, sustenta que a única base para o mínimo existencial está na liberdade.[154] Já a segunda, defendida por Ingo Wolfgang Sarlet e Ana Paula de

---

[150] BARCELLOS, Ana Paula de. *A eficácia jurídica dos princípios constitucionais*, 2002a, op. cit., p. 248.
[151] GOUVÊA, Marcos Maselli. *O controle judicial das omissões administrativas*: novas perspectivas de implementação dos direitos prestacionais. Rio de Janeiro: Forense, 2003. p. 257.
[152] Ibid., p. 260.
[153] TORRES, Ricardo Lobo. *Os direitos humanos e a tributação*, 1995, op. cit., 124.
[154] "A proteção do mínimo existencial [...] se fundamenta na liberdade, ou melhor, nas condições iniciais para o exercício da liberdade, na ideia de felicidade, nos direitos humanos e no princípio da igualdade" (TORRES, Ricardo Lobo. *Os direitos humanos e a tributação*, 1995, op. cit., p. 128-129 apud GOUVÊA, Marcos Maselli. *O controle judicial das omissões administrativas*, 2003, op. cit., p. 259).

Barcellos, aduz que os verdadeiros alicerces justificadores do mínimo existencial seriam a dignidade da pessoa humana e a possibilidade de efetiva participação política dos cidadãos na tomada de decisões às quais estarão submetidos.[155]

Destarte, na linha do entendimento de Ingo Wolfgang Sarlet, a principal função do mínimo existencial é garantir as condições básicas para a existência e sobrevivência digna, capaz de viabilizar a cada indivíduo a possibilidade de participação no processo de tomada de decisões coletivas. Assim, verifica-se que tal instituto possui uma dúplice funcionalidade, uma vez que se volta para a garantia dos direitos básicos de cada indivíduo isoladamente e para o funcionamento de uma democracia republicana com a plena participação popular. Nas palavras de Andreas Joachim Krell:

> A teoria do "mínimo existencial", que tem a função de atribuir ao indivíduo um direito subjetivo contra o Poder Público em casos de diminuição da prestação dos serviços sociais básicos que garantem a sua existência digna, até hoje foi pouco discutida na doutrina constitucional e ainda não foi adotada com as suas consequências na jurisprudência do país.[156]

Por fim, uma questão importante e bastante polêmica diz respeito à delimitação do conteúdo do mínimo existencial.[157]

---

[155] Cf. SARLET, Ingo Wolfgang. *Dignidade da pessoa humana e direitos fundamentais na Constituição Federal de 1988*. 3. ed. rev. atual. e ampl. Porto Alegre: Livraria do Advogado, 2004b. p. 59-60; BARCELLOS, Ana Paula de. *A eficácia jurídica dos princípios constitucionais*, 2002a, op. cit., p. 233.

[156] KRELL, Andreas Joachim. *Direitos sociais e controle judicial no Brasil e na Alemanha*: os (des)caminhos de um direito constitucional comparado. Porto Alegre: Safe, 2002. p. 62.

[157] Para a aplicação da teoria do mínimo existencial, mister tentar ampliar o núcleo do direito, de modo a não restringir o conceito do instituto à noção de mínimo vital, pois não haveria a necessidade de constitucionalização de direitos sociais, bastando reconhecer o direito à vida.

Tendo em vista a própria natureza – fluida e imprecisa – da categoria do mínimo existencial, a doutrina pátria quase que consensualmente opta por admitir que tal empreitada é inviável, dada a possibilidade de apenas precisar o que está dentro, e não o que está fora dela.[158]

Nesse sentido, assim se manifesta Ricardo Lobo Torres:

> Carece o mínimo existencial de conteúdo específico. Abrange qualquer direito, ainda que originariamente não fundamental (direito à saúde, à alimentação etc.), considerado em sua dimensão essencial e inalienável.

Desta maneira, admite-se que o ideal seria mesmo reconhecer tal categoria como aberta e passível de mudanças em sua compreensão de acordo com os fatores históricos, políticos e econômicos em cada condição específica de tempo e espaço.[159]

---

[158] "Assim, em razão da inexistência de suportes financeiros suficientes para a satisfação de todas as necessidades sociais, enfatiza-se que a formulação das políticas sociais e econômicas voltadas à implementação dos direitos sociais implicaria, invariavelmente, escolhas alocativas. Tais escolhas seguiriam critérios de justiça distributiva (o quanto disponibilizar e a quem atender), configurando-se como típicas opções políticas, as quais pressupõem "escolhas trágicas" pautadas por critérios de macrojustiça. É dizer, a escolha da destinação de recursos para uma política e não para outra leva em consideração fatores como o número de cidadãos atingidos pela política eleita, a efetividade e eficácia do serviço a ser prestado, a maximização dos resultados etc. Nessa linha de análise, argumenta-se que o Poder Judiciário, o qual estaria vocacionado a concretizar a justiça do caso concreto (microjustiça), muitas vezes não teria condições de, ao examinar determinada pretensão à prestação de um direito social, analisar as consequências globais da destinação de recursos públicos em benefício da parte com invariável prejuízo para o todo (AMARAL, Gustavo. Direito, escassez e escolha. Renovar: Rio de Janeiro, 2001). Por outro lado, defensores da atuação do Poder Judiciário na concretização dos direitos sociais, em especial do direito à saúde, argumentam que tais direitos são indispensáveis para a realização da dignidade da pessoa humana. Assim, ao menos, o 'mínimo existencial' de cada um dos direitos, exigência lógica do princípio da dignidade da pessoa humana, não poderia deixar de ser objeto de apreciação judicial" (STA nº 238-TO. Voto prolatado pelo ministro Gilmar Ferreira Mendes. STF).

[159] Cf. SARLET, Ingo Wolfgang. Direitos fundamentais sociais e proibição de retrocesso: algumas notas sobre o desafio da sobrevivência dos direitos sociais num contexto de crise. *(Neo)Constitucionalismo. Ontem os Códigos, Hoje as Constituições*: revista do Instituto de Hermenêutica Jurídica, Porto Alegre, n. 2, p. 160, 2004d.

Não obstante, na conclusão da sua obra relativa à eficácia jurídica dos princípios constitucionais, Ana Paula de Barcellos apresenta a seguinte proposta de definição do conteúdo do mínimo existencial:

> Uma proposta de concretização do mínimo existencial, tendo em conta a ordem constitucional brasileira, deverá incluir os direitos à educação fundamental, à saúde básica, à assistência no caso de necessidade e ao acesso à justiça.[160]

Reserva do possível

Outro ponto importante e bastante polêmico inserido no contexto do debate acerca da eficácia das normas constitucionais sobre direitos sociais e da sua implementação concreta consiste nas problemáticas da "teoria do custo dos direitos"[161] e da chamada reserva do possível, as quais envolvem também questões de índole política, financeira, orçamentária e filosófica. Na definição de Ana Paula de Barcellos, "a expressão reserva do possível procura identificar o fenômeno econômico da limitação dos recursos disponíveis diante das necessidades quase sempre infinitas a serem por eles supridas".[162]

---

[160] BARCELLOS, Ana Paula de. *A eficácia jurídica dos princípios constitucionais*, 2002a, op. cit., p. 305. Conforme já antevisto pela própria autora, devido à dificuldade de delinear tal matéria, haveriam de surgir críticas à sua proposição. Nesse sentido, Daniel Sarmento entende que é extremamente complexo tirar itens como a moradia da esfera de abrangência do mínimo existencial (cf. SARMENTO, Daniel. *Exigibilidade direta e indireta dos direitos sociais*. Palestra proferida na Procuradoria-Geral de Justiça do Ministério Público do Estado do Rio de Janeiro, em 6 dez. 2004. Rio de Janeiro: [s.n.], 2004c).

[161] Sobre o assunto, confira-se a obra clássica de HOLMES, Stephen; SUNSTEIN, Cass. *The cost of rights*: why liberty depends on taxes. Nova York/Londres: W.W. Norton & Company, 1999 e, na doutrina pátria, a dissertação de mestrado de Flávio Galdino (*Introdução à teoria dos custos dos direitos*: direitos não nascem em árvores. Rio de Janeiro: Lumen Juris, 2005).

[162] BARCELLOS, Ana Paula de. *A eficácia jurídica dos princípios constitucionais*, 2002a, op. cit., p. 236.

Em suma, trata-se de uma formulação teórica que visa, se não solucionar, pelo menos amenizar a tensão constantemente travada entre as metas sociais pugnadas pela Constituição e as condições financeiras (reais e jurídicas) do Estado para sua promoção. Nesse sentido, considerando a escassez de recursos públicos em face da enorme demanda por prestações estatais positivas – pautada pelas necessidades sociais da população –, há de delimitar-se *standards* sobre os quais deverão ser guiadas as difíceis e – por vezes – trágicas escolhas a serem tomadas por magistrados nos casos concretos. Destarte, costuma-se dividir a reserva do possível em reserva fática e reserva jurídica, respectivamente, no que tange à real existência e à eleição na destinação dos recursos públicos para a realização de prestações positivas na seara dos direitos sociais.

A ideia de reserva fática corresponde à ausência de recursos públicos a serem despendidos por parte do Estado, não por questão de prioridade ou escolha, mas por absoluta inexistência de verba no caixa estatal. Esse argumento costuma ser comumente invocado pela advocacia pública para refutar pleitos judiciais como, *exempli gratia*, o fornecimento gratuito de medicamentos de alto valor e o custeio de tratamentos médicos na rede particular de saúde (por vezes no exterior).[163] Por seu turno, a reserva jurídica engloba a questão da existência e da limitação de orçamento público, de maneira que, para mensurar a possibilidade de concessão de prestações positivas, além da existência dos recursos financeiros necessários, entende-se que há de se verificar as raias de destinação da previsão orçamentária.

Tema interessante envolvendo essa questão da (in)existência de verbas públicas e da delimitação orçamentária da sua destina-

---

[163] Nesse sentido, apresentando argumentos favoráveis à Fazenda Pública com fundamento na escassez e exaustão de recursos públicos, posiciona-se Gustavo Amaral (*Direito, escassez e escolha*, 2001, op. cit., p. 34-40).

ção é simbolizado pela questão da tutela jurisdicional de direitos sociais na forma de requerimentos de prestações positivas. Principalmente em meados da década de 1990, dada a ineficiência do Poder Executivo na promoção de políticas públicas voltadas para a efetivação de direitos sociais, muitos cidadãos passaram a ingressar em juízo para exigir uma tutela específica (e muitas vezes de urgência) desses direitos. É o caso de demandas na área de saúde, como será descrito adiante.

Sobre a orientação jurisprudencial das cortes pátrias, afirma Luís Roberto Barroso a respeito, especificamente, do direito à saúde:

> O que se extrai com certa nitidez da vasta jurisprudência que se tem produzido na matéria, inclusive nos tribunais dos Estados e Regionais Federais, é a disposição em dar efetividade à norma, superando por via judicial as omissões do Poder Público, mesmo ao custo de um ativismo judicial que não tem raízes profundas na tradição brasileira, mas que vem em uma boa hora.[164]

O STF, a seu turno, apesar de reconhecer a possibilidade de o Poder Judiciário interferir na implementação de políticas públicas, compreende que tal interferência apenas pode ocorrer de maneira excepcional. Em recurso extraordinário, em que se pleiteava o atendimento em creche e em pré-escola de criança de seis anos de idade, decidiu o STF pelo dever jurídico do ente público, no caso o município, de prestar o direito constitucional à educação, globalmente considerado, alegando para tanto:

> Embora resida, primariamente, nos Poderes Legislativo e Executivo, a prerrogativa de formular e executar políticas públicas,

---

[164] BARROSO, Luís Roberto. *O direito constitucional e a efetividade de suas normas*: limites e possibilidades da Constituição brasileira. Rio de Janeiro: Renovar, 2009. p. 107.

revela-se possível, no entanto, ao Poder Judiciário, determinar, *ainda que em bases excepcionais*, especialmente nas hipóteses de políticas públicas definidas pela própria Constituição, sejam estas implementadas pelos órgãos estatais inadimplentes, cuja omissão – por importar em descumprimento dos encargos político-jurídicos que sobre eles incidem em caráter mandatório – mostra-se apta a comprometer a eficácia e a integridade de direitos sociais e culturais impregnados de estatura constitucional. [...][165] [Grifos meus].

Da questão que envolve a aplicabilidade e a efetividade dos direitos sociais, erige-se um paradoxo – a ser debatido pelos teóricos do direito e resolvido na práxis dos tribunais – que consiste na situação de prevalência ou convivência paralela entre a tutela individual e a tutela coletiva dos direitos sociais. Assim, quase que naturalmente emergem duas questões complexas a serem respondidas: considerando o enorme número de pessoas igualmente necessitadas e que não possuem meios de acesso ao Poder Judiciário, como fica a razoabilidade do oferecimento de um provimento jurisdicional de direitos sociais prestacionais ao demandante de uma ação individual?[166] E, quanto à dignidade da pessoa humana, há preponderância entre sua manifestação em demandas individuais e coletivas?

---

[165] BRASIL. Supremo Tribunal Federal. Segunda Turma. RE nº 410.715 AgR. Relator(a): ministro Celso de Mello. Julgado em 22 nov. 2005. *DJ*, 3 fev. 2006. PP-00076 EMENT VOL-02219-08 PP-01529 RTJ VOL-00199-03 PP-01219 RIP v. 7, n. 35, 2006. p. 291-300. No mesmo sentido, cf. RE nº 436.996 AgR-SP. Relator: ministro Celso de Mello, 22 nov. 2005 (*Informativo STF*, n. 410).

[166] De acordo com Ana Paula de Barcellos: "O único ponto que distingue o autor de uma demanda judicial dessas milhares de pessoas [carentes e portadoras de doenças graves] é que estas não têm capacidade de mobilização, nem diante do Judiciário, nem diante da mídia" (BARCELLOS, Ana Paula de. *A eficácia jurídica dos princípios constitucionais*, 2002a, op. cit., p. 279). Analisando a questão que envolve a micro e a macrojustiça, Gustavo Amaral apresenta argumentos no sentido de que o não acesso à justiça representaria uma violação da igualdade entre todos aqueles que necessitam de tais prestações (AMARAL, Gustavo. *Direito, escassez e escolha*, 2001, op. cit., p. 34 e segs.).

Não obstante esse aspecto substantivo, vale ressaltar que, tanto em demandas judiciais individuais como em coletivas, o ônus da prova acerca da inexistência/indisponibilidade de recursos financeiros ou orçamentais cabe sempre a quem se insurge contra a concessão da prestação, ou seja, cumpre ao Estado apresentar o ônus argumentativo e a justificativa da impossibilidade de concessão da prestação positiva requerida em juízo.[167]

Representando o posicionamento tradicional da doutrina publicista, J. J. Gomes Canotilho entende que a prestação de direitos sociais por parte do Estado se limita unicamente à esfera do Poder Legislativo. Em suas palavras:

> Ao legislador compete, dentro das reservas orçamentais, dos planos econômicos e financeiros, das condições sociais e econômicas do país, garantir as prestações integradoras dos direitos sociais, econômicos e culturais.[168]

Em sentido contrário, apresentando uma posição mais consentânea com a realidade brasileira, Ingo Wolfgang Sarlet[169] e Andreas Joachim Krell[170] defendem a possibilidade de o Poder Judiciário determinar ao Poder Executivo a obrigação positiva de prestar direitos sociais em casos concretos, chegando-se, no

---

[167] Robert Alexy aponta três tipos de soluções para tais tipos de casos difíceis: (i) o reconhecimento do direito *prima facie*; (ii) a contraposição do direito alegado com outros princípios constitucionais através de uma ponderação; (iii) o juiz decide se há ou não direito (ALEXY, Robert. *Teoria de los derechos fundamentales*. Trad. Ernesto Garzón Valdés. Madri: Centro de Estudios Constitucionales, 2002. p. 321-329).

[168] CANOTILHO, J. J. Gomes. *Constituição dirigente e vinculação do legislador*. Coimbra: Coimbra, 1982 apud SARLET, Ingo Wolfgang. *A eficácia dos direitos fundamentais*, 2004a, op. cit., p. 283.

[169] Cf. SARLET, Ingo Wolfgang. *A eficácia dos direitos fundamentais*, 2004a, op. cit., p. 286-293.

[170] KRELL, Andreas Joachim. *Direitos sociais e controle judicial no Brasil e na Alemanha*, 2002, op. cit., p. 93-98, 99-102.

caso deste último, até a cogitar a viabilidade de um exame jurisdicional de políticas públicas e do orçamento do Estado.

Na busca de delinear em que medida essas prestações positivas poderiam ser concedidas pela via do Judiciário, a doutrina pátria elaborou uma construção paralela ao argumento da reserva do possível. Assim, não obstante reconheça-se a existência e a disponibilidade de recursos, bem como a previsão de verbas orçamentárias, uma prestação ainda estaria sujeita ao limite do necessário para a promoção do mínimo existencial. Nitidamente de inspiração liberal, esse raciocínio indica que ao Judiciário caberia unicamente determinar ao Executivo a concessão apenas de medidas destinadas à satisfação das condições mínimas de existência (seja na medida para o exercício de liberdades, seja para uma sobrevivência digna)[171] do demandante, devendo as prestações necessárias para a concretização do direito social em plano médio ou máximo ser promovidas exclusivamente nas instâncias políticas democráticas de direito, ou seja, fora do âmbito de atuação do Poder Judiciário.

Acerca da atuação do Poder Judiciário em relação ao mínimo existencial, Ana Paula de Barcellos assim delineia seus limites e possibilidades:

> Compete ao Judiciário [...] determinar o fornecimento do mínimo existencial independentemente de qualquer outra coisa, como decorrência das normas constitucionais sobre a dignidade humana e sobre a saúde – eficácia positiva ou simétrica. Cabe-lhe também, na sequência, implementar as opções políticas juridicizadas que vierem a ser tomadas na matéria além do mínimo existencial, na forma das leis editadas. Quanto

---

[171] TORRES, Ricardo Lobo. *Os direitos humanos e a tributação*, 1995, op. cit., p. 128-129; BARCELLOS, Ana Paula de. *A eficácia jurídica dos princípios constitucionais*, 2002a, op. cit., p. 233.

ao mais, compete-lhe apenas zelar pela aplicação das outras modalidades de eficácia: negativa, interpretativa e vedativa do retrocesso.[172]

Ainda no âmbito das discussões acerca da legitimidade e das limitações da exigibilidade dos direitos sociais perante o Poder Judiciário, novos e polêmicos temas têm merecido atenção e algumas reflexões por parte dos estudiosos do direito constitucional pátrio. Entre eles, destacam-se: (i) a questão da justiciabilidade ou não do orçamento estatal e de políticas públicas; (ii) o manejo dos remédios constitucionais como meio de efetivação coletiva e razoável de direitos sociais; (iii) a reconfiguração da separação de poderes e seus reflexos sobre a efetivação dos direitos sociais.[173]

Princípio da vedação ao retrocesso social

Inspirado pela ocasião do bicentenário da Revolução Francesa, Peter Häberle formulou três teses para o futuro da teoria da Constituição e do Estado constitucional, seus principais objetos de estudos. Resumidamente, o autor alemão relaciona as transformações do Estado constitucional através das três dimensões da história (passado, presente e futuro), tendo como diretriz o fator cultural de cada povo como elemento formador e condicionante da elaboração e da efetivação da Constituição.[174] Nesse sentido, aponta-se para a necessidade de instrumentar os seguintes princípios: "princípio da irrenunciabilidade do

---

[172] Ibid., p. 274.
[173] KRELL, Andreas Joachim. *Direitos sociais e controle judicial no Brasil e na Alemanha*, 2002, op. cit. p. 85-98.
[174] HÄBERLE, Peter. *Libertad, igualdad, fraternidad*: 1789 como historia, actualidad y futuro del Estado constitucional. Madri: Trotta, 1998.

passado",[175] "princípio da esperança" e "princípio de responsabilidade".

Especificamente no que tange ao primeiro princípio, trata-se de uma garantia cultural e de segurança jurídica de determinados *conteúdos irrenunciáveis* para a Constituição, os quais funcionam como verdadeiras *barreiras* para impedir passos para trás e para fundar elementos básicos de qualquer avanço constitucional para o futuro. De acordo com Luís Roberto Barroso,

> por este princípio [da vedação ao retrocesso], que não é expresso, mas decorre do sistema jurídico-constitucional, entende-se que se uma lei, ao regulamentar um mandamento constitucional, instituir determinado direito, ele se incorpora ao patrimônio jurídico da cidadania e não pode ser absolutamente suprimido.[176]

Segundo Ingo Wolfgang Sarlet, a vedação (ou proibição) ao retrocesso consiste em princípio constitucional fundamental implícito no sistema da Constituição de 1988, podendo ser calcado nos seguintes elementos: (i) princípio do Estado social e democrático de direito; (ii) princípio da dignidade da pessoa humana; (iii) princípio da eficácia direta das normas de direitos fundamentais (art. 5º, §1º); (iv) no direito geral à segurança jurídica (art. 5º, *caput*) e nas garantias do direito adquirido, do ato jurídico perfeito e da coisa julgada (art. 5º, XXXVI); (v) no princípio da proteção da confiança (incluso no princípio do estado de direito); (vi) na autovinculação da administração

---

[175] Na esteira das lições de Canotilho, a doutrina pátria comumente denomina esse princípio "proibição ou vedação ao retrocesso social". Assim, veja-se: SARLET, Ingo Wolfgang. "Direitos fundamentais sociais e proibição de retrocesso", 2004d, op. cit., p. 121-168.
[176] BARROSO, Luís Roberto. O direito constitucional e a efetividade de suas normas, 2009, op. cit., p. 152.

pública aos seus atos pretéritos; (vii) na vinculação do legislador às metas da Constituição de 1988, devido ao seu perfil compromissário e dirigente.

Previsto no art. 5º, *caput*, da CRFB como expressão da ideia de estado de direito, o direito geral à segurança abrange um direito à segurança social e outro à segurança jurídica, no sentido de proteção contra o retrocesso em matéria de direitos fundamentais,[177] ou seja, o direito geral à segurança protege direitos individuais e sociais (segurança pessoal e social) contra atos de violação praticados pelo poder público e por particulares. Nesse sentido, visando tutelar determinada medida de estabilidade nas relações jurídicas e no próprio ordenamento jurídico,[178] a segurança apresenta fortes ligações com as ideias de dignidade da pessoa humana,[179] isonomia e confiança,[180] consistindo estas nas principais formas de proteção contra o retrocesso social.[181]

Com base nos seus fundamentos constitucionais, o princípio da vedação ao retrocesso apresenta-se em algumas manifestações no sistema da Constituição de 1988, quais sejam: nas figuras do direito adquirido, do ato jurídico perfeito e da coisa julgada (art. 5º, XXXVI); nos limites materiais ao poder

---

[177] TORRES, Ricardo Lobo. *Os direitos humanos e a tributação*, 1995, op. cit., p. 122.
[178] Ibid., p. 126.
[179] Segundo Ingo W. Sarlet, "a proteção dos direitos fundamentais, pelo menos no que concerne ao seu núcleo essencial e/ou ao seu conteúdo em dignidade, evidentemente apenas será possível onde estiver assegurado um mínimo em segurança jurídica" (SARLET, Ingo Wolfgang. "Direitos fundamentais sociais e proibição de retrocesso", 2004d, op. cit., p. 128).
[180] Ibid., p. 143-144.
[181] Neste sentido já decidiu a Oitava Câmara Cível do TJ/RJ, em apelação julgada em 18 de novembro de 2008, afirmando que "o princípio da vedação do retrocesso prestigia o desenvolvimento e a evolução dos direitos sociais impedindo, assim, que normas de caráter fundamental venham a sofrer limitações de efetividade e eficácia, mediante reformas legislativas, constitucionais, ou administrativas, de forma a causar desestabilidade jurídica". Cf. Apelação nº 2008.001.49362. Desembargadora Monica Costa di Piero. Julgamento em 18 nov. 2008. Oitava Câmara Cível.

de reforma (art. 60, §4º, IV); nos fundamentos e objetivos da República brasileira (arts. 1º e 3º) e nas ditas normas programáticas ou impositivas.[182]

Não obstante toda a sua fundamentação constitucional e teórica, o princípio da vedação ao retrocesso encontra restrições na doutrina quanto à sua aplicação em relação aos direitos fundamentais sociais previstos no ordenamento jurídico pátrio, sendo comumente apresentados argumentos no sentido de que ele conflitaria com o princípio da autonomia do legislador e, portanto, configuraria uma infundada restrição à liberdade de conformação e atuação do Poder Legislativo na sua atividade legiferante.[183]

Em sentido contrário, representando o entendimento majoritário da doutrina sobre o assunto, Ingo Wolfgang Sarlet sustenta a tese favorável à sua existência e aplicação no Brasil, argumentado que a supressão da obrigatoriedade de vinculação mínima do legislador à Lei Suprema consistiria numa "fraude à Constituição".[184] No dizer do mestre gaúcho, "o princípio da proibição de retrocesso assume a condição de um dos mecanismos para a afirmação efetiva de um direito constitucional inclusivo, solidário e altruísta".[185]

---

[182] SARLET, Ingo Wolfgang. "Direitos fundamentais sociais e proibição de retrocesso", 2004d, op. cit., p. 129-131.
[183] Confira-se: VAZ, Miguel Afonso. *Lei e reserva de lei*: a causa da lei na Constituição portuguesa de 1976. Tese (Doutorado) – Universidade Católica Portuguesa, Porto, 1992. p. 383 e segs.; BARROS, Suzana Toledo. *O princípio da proporcionalidade e o controle das leis restritivas de direitos fundamentais*. Brasília: Brasília Jurídica, 1996. p. 163. Sustentando a possibilidade de uma completa eliminação de atos legislativos e de políticas públicas voltadas para a efetivação de direitos sociais, posiciona-se Roger Stiefleman Leal em "Direitos sociais e a vulgarização da noção de direitos fundamentais". Disponível em: <www6.ufrgs.br/ppgd/doutrina/leal2.htm>. Acesso em: 13 jul. 2009.
[184] SARLET, Ingo Wolfgang. "Direitos fundamentais sociais e proibição de retrocesso", 2004d, op. cit., p. 145. Confira-se ainda: CANOTILHO, J. J. Gomes. *Direito constitucional e teoria da Constituição*. 3. ed. Coimbra: Almedina, 1999, p. 320 e segs.; MIRANDA, Jorge. *Manual de direito constitucional*. 4. ed. Coimbra: Coimbra, 2000. tomo IV, p. 397 e segs.
[185] SARLET, Ingo Wolfgang. "Direitos fundamentais sociais e proibição de retrocesso", 2004d, op. cit., p. 163.

Acerca da sua incidência, vale ressaltar dois itens: (i) apesar de a própria natureza do princípio em questão indicar uma função de obstrução contra medidas atentatórias a atos pretéritos, ele também abrange atos com efeitos futuros, pois "medidas tomadas com efeitos prospectivos podem representar um grave retrocesso";[186] (ii) numa acepção limitada (ou de sentido estrito), o princípio da vedação ao retrocesso é concebido como incidente apenas em relação a direitos sociais, ao passo que, numa visão mais ampla, ele compreende ainda os chamados direitos fundamentais clássicos.[187]

Destarte, sendo cediça a hipótese de cabimento de declaração de inconstitucionalidade das medidas violadoras do princípio da vedação ao retrocesso, cumpre apresentar suas formas de manifestação: revogação, redução ou supressão do conteúdo mínimo de direitos fundamentais sociais por quaisquer dos poderes do Estado através de: (i) reformas constitucionais (emendas ou revisões) do poder constituinte derivado; (ii) leis infraconstitucionais elaboradas pelo Poder Legislativo para a regulamentação de direitos sociais previstos na Constituição Federal; (iii) políticas públicas ou medidas administrativas do Poder Executivo; e (iv) decisões judiciais.[188]

Nesse sentido, emergem alguns exemplos concretos e hipóteses factíveis que podem bem ilustrar os casos acima men-

---

[186] Ibid., p. 132.
[187] Nas palavras de Ingo W. Sarlet: "Não se manifesta apenas na esfera dos direitos fundamentais sociais (ou das normas programáticas em matéria de justiça social em geral), mas diz com a possibilidade de limitar a autorreversibilidade de medidas do poder público que tenham concretizado direitos fundamentais em geral" (ibid., p. 133).
[188] Ibid., p. 150. Vale ressaltar que tais medidas encontram-se atualmente contextualizadas num cenário paradoxal em que se confundem e interpenetram os elementos insegurança e segurança. Conforme aduz Ingo W. Sarlet: "a crescente insegurança no âmbito da seguridade social decorre [...] de uma demanda cada vez maior por prestações sociais [...] e de um paralelo decréscimo da capacidade prestacional do Estado e da sociedade" (ibid., p. 136).

cionados.[189] Primeiramente, tem-se a questão da norma do art. 5º, XXXII, da Constituição Federal, que prevê, na forma da lei, a proteção ao consumidor. Fixada através do Código de Defesa do Consumidor a tutela de certos direitos dos consumidores, como o de obter uma prestação de serviços com "padrões adequados de qualidade, segurança, durabilidade e desempenho de boa qualidade" (art. 4º, I, "d"), não caberia ao poder público, *exempli gratia*, restringir ou inviabilizar o fornecimento de energia elétrica, sob pena de violar a vedação ao retrocesso. Outro exemplo bastante factível no período contemporâneo seria a realização de reformas na previdência social com o fito de, por exemplo, cercear o acesso amplo da população aos planos de seguridade social. Enfim, tem-se uma hipótese nova que pode vir a causar celeuma no cenário político e jurídico do Brasil: tendo em vista o princípio da vedação ao retrocesso, os programas sociais como o Renda Mínima e o Bolsa Família, implementados pelo governo do presidente Lula, poderiam vir a ser suprimidos por um futuro governo?

Por fim, considerando a existência de certo consenso na doutrina e na jurisprudência acerca da existência do princípio da vedação ao retrocesso social, cumpre examinar a questão referente ao seu caráter absoluto ou relativo. Ao seguir a lógica de funcionamento desse princípio, naturalmente haveria de se concluir pela sua incidência de forma absoluta; afinal, sua principal função é assegurar a preservação de direitos e garantias historicamente conquistados e cristalizados nas constituições. Sem embargo, justamente devido à sua natureza normativa de princípio, a vedação ao retrocesso social está sujeita às ponderações e pode vir a ser relativizada perante outros princípios

---

[189] A aplicação mais paradigmática do princípio da vedação ao retrocesso ocorreu no Acórdão nº 39 (1984), prolatado pelo Tribunal Constitucional de Portugal, com a declaração de inconstitucionalidade de uma lei que restringia o direito à saúde.

constitucionais (por exemplo, o princípio democrático) e direitos fundamentais.[190] Nesse sentido, o próprio professor Ingo Wolfgang Sarlet, um dos seus principais defensores no âmbito da doutrina nacional, reconhece que o princípio da vedação ao retrocesso não tem "a natureza de uma regra geral e de cunho absoluto",[191] admitindo a possibilidade de ponderação, desde que verificados os critérios protetores da dignidade da pessoa humana, do respeito ao núcleo essencial do direito, da segurança jurídica e da proteção da confiança.[192]

Ana Paula de Barcellos, por sua vez, afirma que a adoção do referido princípio em nosso ordenamento jurídico não implica a impossibilidade de mutação da regulamentação vigente sobre determinado direito fundamental, pelo legislador infraconstitucional. Em outras palavras, segundo a autora, é plenamente possível, e em nada confronta com o princípio da vedação ao retrocesso social, a alteração da disciplina infraconstitucional de determinado direito fundamental, ainda mais em sociedades marcadas pelo pluralismo, como as contemporâneas. Nas palavras da autora:

> A questão que se põe [na vedação ao retrocesso social] é a da revogação pura e simples da disposição infraconstitucional por meio da qual o legislador esvazia o comando constitucional, exatamente como se dispusesse contra ele diretamente [...]. Se se entender que a vedação do retrocesso impede qualquer tipo de restrição da regulamentação vigente, isso significará concluir

---

[190] Defendendo uma concepção relativa do princípio da vedação ao retrocesso, encontram-se, *e.g.*, os anteriormente mencionados autores portugueses CANOTILHO, J. J. Gomes. *Direito constitucional e teoria da Constituição*, 1999, op. cit., p. 320 e segs.; MIRANDA, Jorge. *Manual de direito constitucional*, 2000, op. cit., p. 397 e segs.
[191] SARLET, Ingo Wolfgang. "Direitos fundamentais sociais e proibição de retrocesso", 2004d, op. cit., p. 152.
[192] Ibid., p. 160.

que as opções concretas de um determinado legislador não poderiam ser alteradas, salvo para ampliar o alcance do direito ou a proteção e as prerrogativas por ele conferidas.[193]

Adiante, conclui a autora:

> [...] seria implausível afirmar que a regulamentação dos direitos fundamentais a cargo do legislador, sobretudo os veiculados pela Carta como princípios, admita apenas um conteúdo e uma forma particular. Muito ao revés, até por conta das diversas concepções ideológicas, filosóficas e políticas que envolvem os direitos nas sociedades plurais, diferentes regulamentações podem ser validamente editadas. E se é assim, cristalizar em um bloco de constitucionalidade imutável determinada disciplina infraconstitucional de um direito fundamental parece indesejavelmente invasivo do espaço reservado à deliberação democrática e à manifestação do pluralismo político.[194]

Mas, para que essa alteração seja legítima e não fira os postulados centrais da democracia e da dignidade da pessoa humana, a autora propõe que a nova regulamentação a ser dada ao direito fundamental em análise seja confrontada com a garantia mínima que lhe é outorgada pela Constituição e não com a disciplina já adotada pelo legislador infraconstitucional, no intuito de averiguar se haverá ou não a vedação ao retrocesso social. Desta forma, conclui a autora que a indagação deve recair sobre a compatibilidade da nova disciplina pretendida com a garantia constitucional, levando-se em consideração o sentido contemporâneo dado a essa garantia. Isto é, em sociedades democráticas e plurais, como as hodiernas,

---

[193] BARCELLOS, Ana Paula de. *A eficácia jurídica dos princípios constitucionais*, 2002a, op. cit., p. 85-86.
[194] Ibid., p. 87.

trata-se de saber se a regulamentação que se pretende editar realiza adequadamente o direito tendo em conta o sentido em que ele é compreendido no contexto da cultura do povo naquele determinado momento histórico.[195]

Em sendo positiva a resposta, não haveria que se falar na incidência da vedação ao retrocesso, pois encontraria a nova regulamentação a legitimidade democrática necessária para substituir a anterior; em sendo negativa, ensejaria o combatido retrocesso social, sendo a invalidade da nova regulamentação sua consequência direta e natural.

Conforme exposto, o elenco dos direitos sociais previstos na Constituição de 1988 é extensivo. Entre eles, encontram-se os direitos ao lazer, à segurança, à alimentação. São também direitos sociais os direitos à cultura, ao meio ambiente, à proteção da criança, do adolescente e do idoso.

Dentro deste rol, e já expostas as principais discussões a respeito dos direitos sociais, torna-se relevante explorar brevemente alguns destes direitos em particular. Serão ressaltados, aqui, os direitos à saúde e à educação.

O direito à educação

O direito à educação, já reconhecido pelo STF como fundamental,[196] presente no art. 6º da Constituição, não representa apenas uma obrigação do Estado ou um direito dos cidadãos. De acordo com Ana Paula de Barcellos, ele se desdobra em oito direitos mais específicos, principalmente após a Emenda nº 59, de 2009, já tendo alguns deles sido alvo de questionamentos perante o STF. São eles:

---

[195] Ibid., p. 90.
[196] BRASIL. Supremo Tribunal Federal. RE-AgR nº 594.018-RJ. Relator: ministro Eros Grau. *DJ*, 7 ago. 2009.

❏ *O direito das crianças, de até cinco anos de idade, de ter acesso ao ensino infantil em creche e pré-escola.* Disposto no art. 208, inciso IV da Constituição, o direito ao ensino infantil faz parte da educação básica obrigatória, introduzida pela Emenda nº 59, e que abrange o ensino dos quatro aos 17 anos, incluindo a pré-escola, o ensino fundamental e o ensino médio. Assim como o direito ao ensino fundamental regular (diurno ou noturno), o ensino infantil é direito subjetivo determinado. De acordo com Ana Paula de Barcellos:

> Ao substituir a expressão ensino fundamental por educação básica – conceito mais abrangente –, que passa a ser descrita como obrigatória, a EC nº 59/2009 fez incidir as previsões constitucionais, que já se aplicavam ao ensino fundamental, também sobre o ensino médio e sobre a pré-escola, a saber: a que descreve o acesso a tais serviços como direito público subjetivo e prevê responsabilização da autoridade competente que não os ofereça de forma regular (art. 208, §§1º a 3º).[197]

Até o momento, foi este o direito à educação mais abordado por decisões do STF, que reconheceu o direito subjetivo ao ensino infantil e estabeleceu a obrigação do município de prestar o serviço educacional, que não está sujeito a uma opção discricionária do ente público.[198]

❏ *O ensino fundamental regular.* Direito já previsto desde a redação original do art. 208 da Constituição, o ensino fun-

---

[197] BARCELLOS, Ana Paula de. *O direito à educação e o STF.* In: SARMENTO, Daniel; SARLET, Ingo Wolfgan (Org.). *Direitos fundamentais no Supremo Tribunal Federal*: balanço e crítica. Rio de Janeiro: Lumen Juris, 2011b. p. 612.
[198] BRASIL. Supremo Tribunal Federal. *DJ*, 3 fev. 2006. RE-AgR nº 410.715-SP, Relator: ministro Celso de Mello e *DJ* 3 fev. 2006. RE-AgR nº 436.996-SP. Relator: ministro Celso de Mello. No mesmo sentido, STF. *DJ*, 3 fev. 2006. RE-AgR nº 463.210-SP. Relator: ministro Carlos Velloso; *DJ*, 29 maio 2009. RE-AgR nº 595.595-SP. Relator: ministro Eros Grau.

damental atualmente encontra-se incluído no inciso I, que dispõe sobre a obrigatoriedade de educação básica.
- *Direito ao ensino básico daqueles que não tiveram acesso a ele em idade própria.* Disposto no mesmo art. 208, nos incisos I e VI, a Constituição garante não apenas o direito ao ensino, mas também a adequação do mesmo às necessidades dos sujeitos que não puderam estudar na idade própria, garantindo o direito subjetivo de acesso ao ensino fundamental noturno.
- *Direito à progressiva universalização do ensino médio gratuito.* Trata-se de direito garantido para os educandos na idade própria (adolescência), pelos incisos I e II do art. 208 da Constituição. Cabe ressaltar que, de acordo com o Plano Nacional de Educação, há, agora, não somente uma meta de universalização do ensino médio (seja diurno ou noturno), mas um prazo para seu cumprimento (2016), o que permite ainda mais o controle deste avanço pelo Estado.
- *Direito à progressiva universalização do ensino médio para aqueles que não tiveram acesso a eles na idade própria.* Aqui, novamente, com a conjugação dos incisos I, II e VI, garante-se a estes adultos o ensino noturno, adequado às suas necessidades.
- *Direito dos educandos da educação básica como um todo de serem atendidos por programas suplementares de material didático-escolar, transporte, alimentação e assistência à saúde.* Disposto no inciso VII do art. 208, trata-se de garantir condições reais de aprendizado, que não estão sujeitas à discricionariedade administrativa. São programas obrigatórios, cuja decisão pela implementação já foi tomada pelo constituinte, e que devem ser implementados pelo Legislativo e pelo Executivo.
- *Direito dos portadores de deficiência de terem acesso ao atendimento educacional especializado.* Disposto no art. 208, inciso III, da Constituição, trata-se de direito cuja garantia tampou-

co está dentro do poder discricionário do Estado. Representa obrigação estabelecida constitucionalmente, devendo o poder público oferecer ensino especializado, visando aos fins gerais da educação, como o pleno desenvolvimento da pessoa.

Não obstante, o STF já entendeu, em ação ajuizada pela Associação de Deficientes Auditivos do Maranhão (Adama), que os dispositivos constitucionais não permitem a extração de efeitos concretos que possam obrigar que municípios abram varas especiais para deficientes. Entendeu a Corte que não há um direito líquido e certo nesse sentido.[199] Votou vencido, pelo dever do Estado de fornecer ensino gratuito aos portadores de deficiência, o ministro Marco Aurélio.

❏ *Direito de qualquer indivíduo, de acordo com sua capacidade, de ter acesso a níveis mais elevados de ensino.* Trata-se de direito disposto no art. 208, inciso V, da Constituição.

A divisão de competências relativamente ao direito à educação

Frequente alvo de controvérsias federativas levadas ao Supremo Tribunal Federal, a divisão de competências relativamente à educação é de especial importância. De acordo com a Constituição, é competência comum dos entes federativos a obrigação de proporcionar os meios de acesso à educação (art. 23, V).

Aos municípios é atribuída a competência de manter programas de educação infantil e de ensino fundamental (art. 30, VI, e 211, §§2º e 3º), com a cooperação técnica e financeira da União

---

[199] BRASIL. Supremo Tribunal Federal. RE-AgR nº 241.757-MA. Relator: ministro Maurício Corrêa. *DJ* 24 abr. 2001.

e do Estado, assim como a competência legislativa suplementar relativamente à educação, no que couber (art. 3º, II).

Já a União, de acordo com o art. 211, §1º,

> organizará o sistema federal de ensino e o dos Territórios, financiará as instituições de ensino públicas federais e exercerá, em matéria educacional, função redistributiva e supletiva, de forma a garantir equalização de oportunidades educacionais e padrão mínimo de qualidade do ensino mediante assistência técnica e financeira aos Estados, ao Distrito Federal e aos Municípios.

Compete a ela, ainda, legislar privativamente sobre diretrizes e bases da educação nacional (art. 22, XXIV) e, de forma concorrente com os estados e Distrito Federal, legislar sobre educação (art. 24, IX).

Por fim, o §4º do art. 211 da Constituição prevê, ainda, que todos os entes definam formas de colaboração, promovendo a universalização do ensino obrigatório.

Ensino superior

Quanto ao ensino superior, cabe mencionar a Súmula Vinculante nº 12 do STF, que dispõe que "a cobrança de taxa de matrícula nas universidades públicas viola o disposto no art. 206, IV, da Constituição Federal".

O direito à saúde

Em seu art. 6º, assim como em seu art. 196, entre outros, a Constituição Federal traz, como direito social de todos, o direito à saúde. Trata-se de direito cuja prestação pelo Estado tem gerado um grande número de demandas perante o Poder Judiciário, dando origem a discussões complexas a respeito das limitações das obrigações estatais, por exemplo, na implementação de políticas públicas relacionadas ao tema, ou na prestação de remédios. A discussão torna-se ainda mais complexa dada a dificuldade de graduação do direito à saúde, intimamente ligado ao direito à vida.

Com relação a pleitos de fornecimento de medicamentos indisponíveis ou inexistentes na rede pública de saúde, o custeio de tratamentos médicos envolvendo moléstias graves e até a entrega de artigos de higiene pessoal,[200] o Tribunal de Justiça do Estado do Rio de Janeiro tem construído entendimento jurisprudencial no sentido de afastar a alegação da reserva do possível, compreendendo que o referido princípio não pode ser invocado de forma abstrata, sem atentar para as especificidades do caso, e de maneira a atingir o mínimo existencial e a dignidade da pessoa humana, determinando a prestação positiva por parte do ente público capaz de tornar efetivo o direito violado.[201] Nos

---

[200] Recentemente, há cerca de dois anos, tem-se verificado uma grande quantidade de demandas envolvendo pedidos de fornecimento de fraldas geriátricas no estado do Rio de Janeiro. O presidente do STF, ministro Gilmar Mendes, convocou, em abril e maio de 2009, audiência pública para discutir aspectos polêmicos e de repercussão prática relacionados ao direito à saúde. Na ocasião, foram ouvidos diversos especialistas da área, com o intuito de esclarecer questões técnicas, científicas, administrativas, políticas, econômicas e jurídicas relativas às ações de prestação de saúde, tendo sido discutidos pontos como a responsabilidade dos entes da federação em matéria de direito à saúde, gerando bastante controvérsia a questão atinente à reserva do possível. Cf. <www.stf.jus.br/portal/cms/verTexto.asp?servico=processoAudienciaPublicaSaude>. Acesso em: 4 jul. 2009.

[201] Cf. as seguintes ementas: "MEDICAMENTOS. ATUAÇÃO DO JUDICIÁRIO NA IMPLEMENTAÇÃO DE POLÍTICAS PÚBLICAS. Interesse de agir configurado. Lista básica. Responsabilidade solidária dos entes federativos na consecução do direito à saúde. Direito à vida e à saúde, erigidos diretamente da Constituição Federal. Aplicabilidade imediata das normas definidoras de direitos fundamentais, que não se compadece com a alegação de ausência de fonte de custeio. A reserva do possível não pode servir de escusa ao descumprimento de mandamento fundado em sede constitucional, notadamente quando acarretar a supressão de direitos fundamentais, em atenção ao mínimo existencial e ao postulado da dignidade da pessoa humana. Precedentes do STF e deste Tribunal. Multa diária reduzida em homenagem ao princípio da razoabilidade. Primeiro recurso a que se nega seguimento e segundo parcialmente provido" (BRASIL. Tribunal de Justiça-RJ – 2009.227.02423. – APELAÇÃO/REEXAME NECESSÁRIO – Segunda Câmara Cível. Desembargador Carlos Eduardo Passos. Julgamento em 22

casos de descumprimento da ordem judicial por parte do ente público, tem-se determinado o bloqueio das verbas públicas para garantir o cumprimento da decisão.[202]

Na mesma linha de entendimento, o STJ, para quem o direito à saúde, na qualidade de direito fundamental e essencial, deve prevalecer sobre os interesses financeiros do Estado. Confira as ementas dos julgados REsp nº 840.912-RS; AgRg no Recurso Especial nº 935.083-RS; Agravo de Instrumento nº 863.789-RS, REsp nº 811.608-RS, entre outros.

Já o STF, de acordo com Paulo Gilberto Cogo Leivas, começou a afirmar a justiciabilidade do direito fundamental à saúde em 1999,[203] tendo sido decidido, nessa época, o Recurso Extraordinário nº 271.286, acórdão paradigma sobre a matéria, em que "o STF expressa uma posição clara pela afirmação do direito à saúde como direito fundamental, como direito subjetivo público e como direito de acesso universal e igualitário".[204]

---

jun. 2009). "APELAÇÃO CÍVEL. AÇÃO ORDINÁRIA. FORNECIMENTO GRATUITO DE MEDICAMENTOS. A SAÚDE É DIREITO FUNDAMENTAL GARANTIDO PELA CONSTITUIÇÃO FEDERAL, A SER ATENDIDO ATRAVÉS DO SISTEMA ÚNICO DE SAÚDE – SUS, SENDO SOLIDÁRIA A RESPONSABILIDADE DE TODOS OS ENTES FEDERATIVOS. AS NORMAS CONSTITUCIONAIS QUE DISPÕEM ACERCA DO DEVER DO ESTADO DE PROMOVER A SAÚDE SÃO DE EFICÁCIA PLENA, DEVENDO SER INTERPRETADAS À LUZ DO PRINCÍPIO DA DIGNIDADE DA PESSOA HUMANA, ASSEGURANDO ATENDIMENTO MÉDICO E FORNECIMENTO DE REMÉDIO A TODOS, INDISTINTAMENTE. O DIREITO À VIDA E À SAÚDE SE SOBREPÕE AS REGRAS DE RESTRIÇÕES ORÇAMENTÁRIAS. NÃO HÁ QUE SE FALAR EM DESOBEDIÊNCIA AO PRINCÍPIO DA SEPARAÇÃO DOS PODERES, SENDO PLENAMENTE SINDICÁVEIS AS POLÍTICAS PÚBLICAS. A RESERVA DO POSSÍVEL NÃO PODE SER INVOCADA DE FORMA ABSTRATA. NEGATIVA DE SEGUIMENTO DO RECURSO" (BRASIL. Tribunal de Justiça-RJ – 2009.001.24840. Apelação. Segunda Câmara Cível. Desembargadora Leila Mariano. Julgamento em 25 jun. 2009).
[202] Cf. os agravos de instrumento nºs 2008.002.07147; 2008.002.05071; 2008.002.20006; 2008.002.02352, entre outros, proferidos pelo TJ/RJ (www.tj.rj.gov.br).
[203] BRASIL. Supremo Tribunal Federal. RE nº 242.859. Relator: ministro Ilmar Galvão. 29 jun. 1999.
[204] LEIVAS, Paulo Gilberto Cogo. O direito fundamental à saúde segundo o Supremo Tribunal Federal. In: SARMENTO, Daniel; SARLET, Ingo Wolfgang (Org.). *Direitos fundamentais no Supremo Tribunal Federal*: balanço e crítica. Rio de Janeiro: Lumen Juris, 2011. p. 638.

Mais tarde, em março de 2009, o ministro Gilmar Mendes, então presidente da Corte, realizou audiências públicas com o objetivo de ouvir pessoas e autoridades em matéria do Sistema Único de Saúde, especialmente para discutir a responsabilidade dos entes da federação em matéria de direito à saúde e às obrigações do Estado na garantia deste direito. Foram ouvidos 50 especialistas, entre médicos, gestores e usuários do sistema de saúde, professores, procuradores de justiça e magistrados.

Meses depois, ao julgar as suspensões de antecipação de tutela n°s 175 e 178, o ministro Gilmar Mendes buscou estabelecer, com base nas audiências, parâmetros para a prestação estatal. Afirmou que o direito à saúde permite que o Judiciário ordene o cumprimento de políticas de saúde já estabelecidas, o que não acarreta interferência na discricionariedade administrativa. Estabeleceu também que "a justiciabilidade do direito fundamental à saúde não fundamenta, contudo, o deferimento de qualquer ação de prestação de saúde, porque isso geraria grave lesão à ordem administrativa e levaria ao comprometimento do SUS".[205]

Ao tratar do tema, Luís Roberto Barroso[206] defende que ações individuais apenas podem ser admitidas para prestações que já se encontram na lista de medicamentos do SUS. Isso porque, segundo o autor, o art. 196 dispõe que a saúde se exerce mediante políticas públicas, a competência para alocar estes recursos é do administrador público e a competência técnica para a definição de políticas de saúde é do gestor público.

Por fim, é possível tentar estabelecer um mínimo existencial em matéria de prestações de saúde, que seria exigível do Estado.

---
[205] Ibid., p. 638.
[206] BARROSO, Luís Roberto. Da falta de efetividade à judicialização excessiva: direito à saúde, fornecimento gratuito de medicamentos e parâmetros para a atuação judicial. *Migalhas*, [s.d.]. Disponível em: <www.migalhas.com.br/dePeso/16,MI52582,81042 Da+falta+de+efetividade+a+judicializacao+excessiva+Direito+a+saude>. Acesso em: 12 abr. 2012.

De acordo com Ana Paula de Barcellos, dentro deste conteúdo mínimo, não há discricionariedade administrativa, sendo as prestações aí incluídas oponíveis e exigíveis dos poderes públicos, podendo inclusive ser pleiteadas de forma coletiva. Como parâmetros para incluir uma prática no mínimo existencial, a autora sugere considerar a relação entre o custo e o benefício que a prestação poderá proporcionar a um maior número de pessoas, e a inclusão de prestações de que todos os indivíduos necessitam, como atendimento no parto ou ações de prevenção epidemiológica.

Questões de automonitoramento

1. Após ler este capítulo, você é capaz de resumir os casos geradores do capítulo 4, identificando as partes envolvidas, os problemas atinentes e as possíveis soluções cabíveis?
2. Contextualize os direitos sociais nos debates da dogmática dos direitos fundamentais e analise as modalidades de eficácia correspondentes às normas que os consagram na Constituição Federal de 1988.
3. Em que consiste o mínimo existencial, qual o seu fundamento, quais as suas funções e como se dá sua delimitação?
4. Em que consiste a chamada reserva do possível, como ela pode ser classificada e quais seus reflexos nas demandas judiciais que versam sobre direitos sociais prestacionais?
5. Qual o fundamento do princípio da vedação ao retrocesso social e como ele figura diante das perenes transformações do Estado e das reformas constitucionais? Ele está sujeito a ponderações? De que forma se pode equacionar a vedação ao retrocesso com o pluralismo latente das sociedades contemporâneas?
6. Pense e descreva, mentalmente, outras alternativas para a solução dos casos geradores do capítulo 4.

4
Sugestões de casos geradores

Interpretação constitucional. Princípios constitucionais. Ponderação, proporcionalidade, razoabilidade (cap. 1)

Em 1996, o proprietário da Editora Revisão, Siegfried Ellwanger, editou e vendeu livros com apologia a ideias e crimes considerados preconceituosos e discriminatórios. Entre outros temas, os livros contestavam a versão oficial da II Guerra Mundial e recomendavam uma nova visão histórica, sugerindo que os alemães foram as verdadeiras vítimas do episódio.

Em ação ajuizada pelo Movimento de Justiça e Direitos Humanos, Ellwanger foi condenado pela 3ª Câmara Criminal do Tribunal de Justiça do Rio Grande do Sul pelo crime de incitação ao racismo, com base no art. 20, da Lei nº 7.716/1989 com redação dada pela Lei nº 8.081/1990, que define como crime:

> Art. 20. Praticar, induzir ou incitar, pelos meios de comunicação social ou por publicação de qualquer natureza, a discriminação ou preconceito de raça, por religião, etnia ou procedência nacional.

Em 2001, em *habeas corpus* impetrado no Supremo Tribunal Federal, a condenação foi mantida, por sete votos a três, dispondo o acórdão:

> O preceito fundamental da liberdade de expressão não consagra o "direito à incitação ao racismo", dado que um direito individual não pode constituir-se em salvaguarda de condutas ilícitas, como sucede com os delitos contra a honra. Prevalência dos princípios da dignidade da pessoa humana e da igualdade jurídica.

No julgamento, ficou vencido o ministro Marco Aurélio, que sustentava a denegação da ordem, com base na liberdade de expressão do réu, baseando-se nos seguintes artigos da Constituição Federal:

> Art. 1º. A República Federativa do Brasil, formada pela união indissolúvel dos Estados e Municípios e do Distrito Federal, constitui-se em Estado Democrático de Direito e tem como fundamentos:
> [...]
> V. o pluralismo político.
> [...]
> Art. 5º. Todos são iguais perante a lei, sem distinção de qualquer natureza, garantindo-se aos brasileiros e aos estrangeiros residentes no País a inviolabilidade do direito à vida, à liberdade, à igualdade, à segurança e à propriedade, nos termos seguintes:
> [...]
> VIII. ninguém será privado de direitos por motivo de crença religiosa ou de convicção filosófica ou política, salvo se as invocar para eximir-se de obrigação legal a todos imposta e recusar-se a cumprir prestação alternativa, fixada em lei;
> [...]

Além dos dispositivos constitucionais, o ministro menciona ainda os seguintes artigos legais:

> Art. 27. Não constituem abusos no exercício da liberdade de manifestação do pensamento e de informação:
> I. a opinião desfavorável da crítica, literária, artística, científica ou desportiva, salvo quando inequívoca a intenção de injuriar ou difamar;
> [...]
> IX. a exposição de doutrina ou ideia [Lei nº 5.250/1967 – Lei de Imprensa].
> Art. 22. Fazer, em público, propaganda:
> [...]
> §3º. Não constitui propaganda criminosa a exposição, a crítica ou o debate de quaisquer doutrinas [Lei nº 7.170/1983 – Lei de Segurança Nacional].

Sustenta, assim, o ministro Marco Aurélio:

> A questão de fundo neste *habeas corpus* diz respeito à possibilidade de publicação de livro cujo conteúdo revele ideias preconceituosas e antissemitas. Em outras palavras, a pergunta a ser feita é a seguinte: o paciente, por meio do livro, instigou ou incitou a prática do racismo? Existem dados concretos que demonstrem, com segurança, esse alcance? A resposta, para mim, é desenganadamente negativa.

Tendo em vista o caso (HC nº 82.424, de 2001), responda:

1. O inciso XLII do art. 5º da Constituição Federal admite interpretações divergentes?
2. Quais métodos/técnicas de interpretação poderiam orientar os procedimentos de fundamentação das diferentes hipóteses de decisão no caso?

3. É possível solucionar problemas de colisão entre os critérios de interpretação?
4. É possível reconstruir o caso como uma situação de colisão de princípios? Quais são os princípios envolvidos? Como solucionar o conflito entre eles?
5. Dado que o caso envolve a aplicação de uma regra, é, do ponto de vista argumentativo, *prima facie*, mais simples ou difícil justificar sua não aplicação nos casos em que se constate a incidência de um princípio que sustente decisão oposta ao que ela prescreve?

Direitos fundamentais (I). Regime constitucional dos direitos fundamentais. A vinculação dos particulares aos direitos fundamentais. Colisão de direitos fundamentais. A internacionalização dos direitos fundamentais e os tratados internacionais (cap. 2)

Caso 1

Algumas semanas após a comemoração do Dia da Consciência Negra, feriado municipal no Rio de Janeiro, o movimento rastafári decide realizar uma passeata pacífica com o fito de manifestar à sociedade carioca suas bandeiras de defesa do direito de fumar maconha e de ouvir *reggae* em carros de som nas ruas na data do aniversário de Bob Marley. Após arrecadar a verba necessária para a confecção de faixas, cartazes e camisas para o evento, a organização do movimento decide agendar a passeata para as 17h do dia 6 de fevereiro (quarta-feira), na avenida Rio Branco, centro da cidade. Ciente de tal fato, a prefeitura municipal decide proibir a realização da passeata alegando que o tráfego viário ficaria muito prejudicado e causaria enormes transtornos à população.

Considerando o caso acima, pergunta-se:

1. De acordo com a nova ordem constitucional de 1988, há necessidade de pedir autorização ao poder público para a realização da passeata, bem como para a escolha do local, do dia e do horário?
2. Qual o instrumento mais adequado oferecido pela teoria constitucional para a resolução do caso e como ele deve ser empregado?
3. Como fica o direito de ir e vir das pessoas que trabalham na região e precisam retornar às suas residências? Justifica-se a restrição a qual direito fundamental?

Caso 2

O partido político PDC, após reportagem de jornal acusando o deputado Costa de Arruda de conduta antiética, leva o tema à cúpula do partido, que decide apurar os fatos em comissão específica de infrações. De forma sumária, e sem ouvir o deputado, a comissão emite relatório opinando pela expulsão de Costa de Arruda do partido.

É feita uma votação, seguindo as regras do estatuto do partido e, por maioria absoluta, decide-se pela exclusão do deputado pelo motivo de não preencher requisitos éticos mínimos que o partido considera necessários.

Costa de Arruda, revoltado, tenta reverter a situação diante do partido, que se nega a apreciar qualquer argumento, com fundamento de ter poder para incluir, bem como para excluir seus membros quando não respeitarem os requisitos que lhes são impostos.

Costa de Arruda procura seu advogado e expõe o caso, decidindo ingressar com ação judicial para modificar a situação. Em sede de contestação, o PDC alega que:

(i) os partidos políticos têm liberdade para organizar e estabelecer normas de funcionamento e de relacionamento entre os membros nos limites da lei, o que ocorreu no caso em comento. De acordo com a Lei nº 9.096/1995:

> Art. 2º. É livre a criação, fusão, incorporação e extinção de partidos políticos cujos programas respeitem a soberania nacional, o regime democrático, o pluripartidarismo e os direitos fundamentais da pessoa humana.
> Art. 3º. É assegurada, ao partido político, autonomia para definir sua estrutura interna, organização e funcionamento.

(ii) a controvérsia envolvendo a exclusão de um membro de partido político resolve-se a partir das regras do estatuto social e da legislação civil em vigor.

O juiz de primeiro grau acolhe os argumentos do partido e julga improcedente o pedido formulado por Costa de Arruda.

Considerando o caso acima, pergunta-se:

1. Qual argumento contrário e qual o argumento a favor da decisão proferida pelo juiz de primeiro grau e como se manifesta o STF?
2. Quais os direitos fundamentais envolvidos no caso em tela?
3. Poderia ser aplicada a eficácia horizontal dos direitos fundamentais no presente caso?

Caso 3

Desde os 14 anos de idade, Sandra sentia que não queria suas pernas. Após consultar a internet, viu que não era a única com este incômodo: havia outras pessoas que, como ela, cortavam ou amputavam membros indesejados, como mãos, pés e pernas. Sandra, então, procura um advogado para que seja ajuizada uma ação demandando que o Sistema Único de Saúde (SUS) arque com as despesas da amputação que deseja.

Tendo em vista o caso, pergunta-se:

1. Sandra tem o direito fundamental de cortar suas pernas?
2. Pode o Estado interferir nas escolhas de como Sandra deseja manter seu corpo?
3. É dever do Estado financiar a desejada amputação das pernas de Sandra?

Direitos fundamentais (II). Os direitos fundamentais sociais e sua eficácia jurídica. Proteção ao mínimo existencial, reserva do possível e princípio da proibição do retrocesso (cap. 3)

Caso 1

Ao tomar conhecimento das condições precárias de vida e de saúde de um grupo de idosos sem família internado em uma casa geriátrica da capital, uma associação de defesa da terceira idade (legalmente constituída há mais de dois anos), resolve propor uma ação civil pública, contra a Fazenda Pública, pleiteando o fornecimento, por parte do estado do Rio de Janeiro, de remédios para artrose e fraldas geriátricas. Os principais argumentos colacionados pela associação proponente aduzem que esses medicamentos e artigos de higiene não têm sido encontrados há mais de um ano nos postos de saúde da cidade, bem como não podem ser comprados em farmácias pelos idosos ou mesmo pelo albergue, tendo em vista a escassez de recursos financeiros.

Exatamente no mesmo período, uma mãe preocupada com a possibilidade de seu filho vir a se tornar cego, procura a

Defensoria Pública e, através desta, propõe uma ação judicial – como substituta processual da criança – em face do estado do Rio de Janeiro, pleiteando o custeio de um tratamento oftalmológico especial. O fundamento para o pedido da parte autora é calcado na alegação da gravidade do estado de saúde da criança e da especificidade da sua enfermidade, que somente poderia vir a ser curada em um centro de excelência médica como o de Michigan, nos Estados Unidos – reconhecido universalmente devido às suas avançadas pesquisas científicas sobre a visão humana. Ocorre que as clínicas médicas da referida cidade disponibilizam cotas limitadas de atendimento para estrangeiros, exigindo que estes efetuem o pagamento antecipado da quantia relativa ao tratamento (cerca de R$ 500 mil) para garantir suas reservas.

Em suas peças de contestação apresentadas em ambos os processos, a Procuradoria do Estado utiliza-se da mesma argumentação, no sentido de entender tratar-se de pedido juridicamente impossível, tendo em vista que a reserva de orçamento impediria o dispêndio de receitas extras, por parte do Estado, com o fornecimento de medicamentos além do previsto para a quantidade destinada aos postos públicos de saúde e com o custeio de tratamentos médicos de tal monta.

Considerando o caso acima, pergunta-se:

1. É possível exigir do Estado, em juízo, a prestação destes direitos sociais à saúde? Caso positivo, quais fundamentos constitucionais poderiam ser invocados?
2. Existe alguma diferença entre a tutela coletiva e a tutela individual, em matéria de direitos sociais, tendo em vista os princípios da dignidade da pessoa humana, da isonomia e do acesso à Justiça?
3. Como se caracterizam esses pedidos em face do mínimo existencial: este restaria preenchido ou suplantado com o atendimento de tais pleitos?

4. Como solucionar a questão da reserva do possível com as normas constitucionais que versam sobre direitos sociais?
5. O Judiciário poderia tomar alguma prerrogativa extra para garantir esse fornecimento? O bloqueio de contas é uma ingerência permitida em nosso sistema Constitucional?[207]

Caso 2

A Associação das Mães da Dupla Jornada, organização sem fins lucrativos sediada na cidade de Nova Jequitatinga do Norte, inconformada com a grave situação de suas associadas, as quais não podiam pagar uma escola para seus filhos menores de seis anos de idade e também impossibilitadas de buscar trabalho de inteira jornada, busca o Ministério Público do estado para que este tome alguma providência em relação às autoridades competentes.

Os procuradores do MP acionam o município, alegando que a Constituição Federal, em seu art. 208, IV, determina a obrigação do Estado em prover o ensino fundamental a todos e que os responsáveis pela implementação são os municípios, de acordo com o art. 211, §2º.

O município se defende, argumentando que a ordem constitucional é apenas programática e que não existe a possibilidade, de acordo com o orçamento, de estender o serviço de creches e educação infantil. Ademais, esta cobrança não deveria ser direcionada apenas ao município, carente de recursos, pois a Norma Máxima determina apenas que ele é prioritário no fornecimento dos recursos, mas não está diretamente obrigado. Alega, também, que o modo como a administração aloca seus recursos é questão de política social e que defini-las não está na competência do Judiciário.

---

[207] Ver AgRg no REsp nº 921.590-RS.

De acordo com o caso acima, baseado no RE-AgR nº 410.715-SP, responda:

1. O Judiciário possui legitimidade para interferir em políticas públicas? Até que ponto essa ingerência é permitida e está de acordo com o nosso direito?
2. O pedido acima poderia ser aceito? Quais são suas consequências diretas para o princípio da separação dos poderes?

Caso 3

Uma associação de defesa dos deficientes públicos, fundada há mais de dois anos, resolve propor, contra o estado do Rio de Janeiro, uma ação civil pública pleiteando a adaptação das escolas estaduais para os portadores de deficiência. Para tanto, baseia-se no disposto no art. 208, III, da Constituição Federal e na Lei Federal nº 10.098/2000.

O estado, por sua vez, argumenta que tal imposição configuraria interferência em suas escolhas de políticas públicas e que inexiste obrigação concreta originada do mencionado dispositivo constitucional.

De acordo com o caso acima, baseado na ACP nº 9163362-nº 50.2008.8.26.0000, do TJ-SP, responda: Estaria o Judiciário agindo além de suas competências ao atender o pleito da associação? Trata-se de direito já reconhecido pelo Supremo Tribunal Federal?

Conclusão

À medida que a consciência jurídica da sociedade evolui e os cidadãos ampliam seu acesso à Justiça, seja através do Poder Judiciário ou de meios alternativos de solução de conflitos, cresce a importância do estudo do direito.

O direito está permeado como um dos elementos de transformação modernizadora das sociedades tradicionais, principalmente nos países em desenvolvimento. Evidencia-se, a cada dia, que o direito público não pode ser insensível às transformações sociais e políticas, e que o direito tem papel relevante na organização da sociedade.

O objetivo deste livro foi o de aprofundar os estudos sobre as transformações da teoria constitucional contemporânea, entre os quais os novos métodos de interpretação constitucional, diante da supremacia da Constituição, ao papel de preponderância dos princípios e à amplitude do rol de direitos fundamentais. Com isso, verificou-se a importância do estudo de novos métodos de interpretação e de aplicação do direito, calcados na ponderação de interesses e nos critérios da razoabilidade e da proporcionalidade, para a busca de uma hermenêutica constitucional capaz de conferir maior eficácia aos direitos fundamentais, concretizando para um número cada vez maior de cidadãos a força normativa da Constituição.

Nossa intenção é contribuir com o fomento de estudos específicos e aprofundados sobre o tema, tarefa que deve ser cada vez mais estimulada no país, baseando-se na crença de que uma Justiça mais eficiente também acarretará um direito mais efetivo.

Referências

ABRAMOVICH, Victor; COURTIS, Christian. Apuntes sobre la exigibilidad de los derechos sociales. In: SARLET, Ingo Wolfgang (Org.). *Direitos fundamentais sociais*: estudos de direito constitucional, internacional e comparado. Rio de Janeiro: Renovar, 2003.

ALEXY, Robert. *Teoria da argumentação jurídica*: a teoria do discurso racional como teoria da justificação jurídica. Trad. Zilda H. Schild Silva. São Paulo: Landy, 2001.

____. *Teoria de los derechos fundamentales*. Trad. Ernesto Garzón Valdés. Madri: Centro de Estudios Constitucionales, 2002.

____. Los derechos fundamentales en el Estado constitucional democrático. In: CARBONELL, Miguel (Org.). *Neoconstitucionalismo(s)?* Madri: Trotta, 2003.

____. Sistema jurídico y razón prática. In: ____. *El concepto y la validez del derecho*. Barcelona: Gedisa, 2004.

____. *Teoria dos direitos fundamentais*. Trad. Virgílio Afonso da Silva. São Paulo: Malheiros, 2011.

ALFONSIN, Jacques Távora. *O acesso à terra como conteúdo de direitos humanos fundamentais à alimentação e à moradia*. Porto Alegre: Livraria do Advogado, 2003.

AMARAL, Gustavo. Interpretação dos direitos fundamentais e o conflito entre poderes. In: TORRES, Ricardo Lobo (Org.). *Teoria dos direitos fundamentais*. Rio de Janeiro: Renovar, 1999.

____. *Direito, escassez e escolha*. Rio de Janeiro: Renovar, 2001.

ANDRADE, José Carlos Vieira de. *Os direitos fundamentais na Constituição portuguesa de 1976*. 3. ed. Coimbra: Almedina, 2006.

ARGUELHES, Diego Werneck; LEAL, Fernando. O argumento das "capacidades institucionais" entre a banalidade, a redundância e o absurdo. *Direito, Estado e Sociedade*, v. 38. Prelo.

ÁVILA, Humberto Bergmann. A distinção entre princípios e regras e a redefinição do dever de proporcionalidade. *Revista de Direito Administrativo*, Rio de Janeiro, v. 215, p. 151-179, jan./mar. 1999.

____. Conteúdo, limites e intensidade dos controles de razoabilidade, de proporcionalidade e de excessividade das leis. *Revista de Direito Administrativo*, Rio de Janeiro, v. 236, abr./jun. 2004a.

____. *Teoria dos princípios*: da definição à aplicação dos princípios jurídicos. 3. ed. São Paulo: Malheiros, 2004b.

____. *Teoria dos princípios*: da definição à aplicação dos princípios jurídicos. 4. ed. São Paulo: Malheiros, 2005.

BACHOF, Otto. *Normas constitucionais inconstitucionais?* Coimbra: Almedina, 1994.

BARBOSA, Ana Paula Costa. A fundamentação do princípio da dignidade da pessoa humana. In: TORRES, Ricardo Lobo (Org.). *Legitimação dos direitos humanos*. Rio de Janeiro: Renovar, 2002.

BARCELLOS, Ana Paula de. *A eficácia jurídica dos princípios constitucionais*: o princípio da dignidade da pessoa humana. Rio de Janeiro: Renovar, 2002a.

____. O mínimo existencial e algumas fundamentações: John Rawls, Michael Walzer e Robert Alexy. In: TORRES, Ricardo Lobo (Org.). *Legitimação dos direitos humanos*. Rio de Janeiro: Renovar, 2002b.

_____. Alguns parâmetros normativos para a ponderação constitucional. In: BARROSO, Luís Roberto (Org.). *A nova interpretação constitucional*: ponderação, direitos fundamentais e relações privadas. Rio de Janeiro: Renovar, 2003.

_____. *A eficácia jurídica dos princípios constitucionais*: o princípio da dignidade da pessoa humana. 2. ed. Rio de Janeiro: Renovar, 2008.

_____. O direito a prestações de saúde: complexidades, mínimo existencial e o valor das abordagens coletiva e abstrata. In: SOUZA NETO, Cláudio Pereira de; SARMENTO, Daniel. *Direitos sociais*: fundamentos, judicialização e direitos sociais em espécie. Rio de Janeiro: Lumen Juris, 2010.

_____. *Eficácia jurídica dos princípios constitucionais*. Rio de Janeiro: Renovar, 2011a.

_____. O direito à educação e o STF. In: SARMENTO, Daniel; SARLET, Ingo Wolfgang (Org.). *Direitos fundamentais no Supremo Tribunal Federal*: balanço e crítica. Rio de Janeiro: Lumen Juris, 2011b.

BARRETO, Vicente de Paulo. Reflexões sobre os direitos sociais. In: SARLET, Ingo Wolfgang (Org.). *Direitos fundamentais sociais*: estudos de direito constitucional, internacional e comparado. Rio de Janeiro: Renovar, 2003.

BARROS, Suzana de Toledo. *O princípio da proporcionalidade e o controle de constitucionalidade das leis restritivas de direitos fundamentais*. Brasília: Brasília Jurídica, 1996.

_____. Fundamentos teóricos e filosóficos do novo direito constitucional brasileiro (pós-modernidade, teoria crítica e pós-positivismo). In: _____. *A nova interpretação constitucional*: ponderação, direitos fundamentais e relações privadas. Rio de Janeiro: Renovar, 2003.

_____. Direitos fundamentais, colisão e ponderação de valores. In: _____. *Temas de direito constitucional*. Rio de Janeiro: Renovar, 2005a. v. III.

_____. O novo direito constitucional e a constitucionalização do direito. In: _____. *Temas de direito constitucional*. Rio de Janeiro: Renovar, 2005b. v. III.

BARROSO, Luís Roberto. Os princípios da razoabilidade e da proporcionalidade no direito constitucional. *Revista do Ministério Público do Estado do Rio de Janeiro*, n. 4, p. 160, 1996.

____ (Org.). *A nova interpretação constitucional*: ponderação, direitos fundamentais e relações privadas. Rio de Janeiro: Renovar, 2003a.

____. *Interpretação e aplicação da Constituição*. São Paulo: Saraiva, 2003b.

____. Judicialização, ativismo judicial e legitimidade democrática. *Revista Consultor Jurídico*, 22 dez. 2008. Disponível em: <www.conjur.com.br/2008-dez-22/judicializacao_ativismo_legitimidade_democratica?pagina=3>. Acesso em: 29 out. 2012.

____. *O direito constitucional e a efetividade de suas normas*: limites e possibilidades da Constituição brasileira. Rio de Janeiro: Renovar, 2009.

____. Da falta de efetividade à judicialização excessiva: direito à saúde, fornecimento gratuito de medicamentos e parâmetros para a atuação judicial. *Migalhas*, [s.d.]. Disponível em: <www.migalhas.com.br/dePeso/16,MI52582,81042Da+falta+ de+efetividade+a+judicializacao+excessiva+Direito+a+saude>. Acesso em: 12 abr. 2012.

____; BARCELLOS, Ana Paula de. O começo da história: a nova interpretação constitucional e o papel dos princípios no direito brasileiro. In: BARROSO, Luís Roberto (Org.). *A nova interpretação constitucional*: ponderação, direitos fundamentais e relações privadas. Rio de Janeiro: Renovar, 2003.

BASTOS, Celso Ribeiro. *Hermenêutica constitucional*. São Paulo: Celso Bastos, [s.d.].

____; MARTINS, Yves Gandra da Silva. *Comentários à Constituição do Brasil*. São Paulo: Saraiva, 1989. v. II.

BECCARIA, Cesare. *Dos delitos e das penas*. Trad. Torrieri Guimarães. São Paulo: Martin Claret, 2003.

BENHABIB, Seyla. *Los derechos de los otros*: extranjeros, residentes y ciudadanos. Trad. Gabriel Zadunaisky. Barcelona: Gedisa, 2005.

____. *Las reivindicaciones de la cultura*: igualdad y diversidad en la era global. Trad. Alejandra Vassallo. Buenos Aires: Katz, 2006.

BOBBIO, Norberto. *A era dos direitos*. São Paulo: Campus, 1992.

____. *O positivismo jurídico*: lições de filosofia do direito. Trad. e notas Márcio Pugliesi, Edson Bini e Carlos E. Rodrigues. São Paulo: Ícone, 2006.

BONAVIDES, Paulo. *Curso de direito constitucional*. 4. ed. São Paulo: Malheiros, 1993.

____. *Curso de direito constitucional*. 14. ed. São Paulo: Malheiros, 2004.

BRANDÃO, Junito de Souza. *Mitologia grega*. Petrópolis: Vozes, 1987. v. 2.

BULOS, Uadi Lammêgo. *Curso de direito constitucional*. São Paulo: Saraiva, 2010.

CANARIS, Claus-Wilhelm. A influência dos direitos fundamentais sobre o direito privado na Alemanha. In: SARLET, Ingo Wolfgang (Org.). *Constituição, direitos fundamentais e direito privado*. Porto Alegre: Livraria do Advogado, 2003.

CANOTILHO, J. J. Gomes. *Constituição dirigente e vinculação do legislador*. Coimbra: Coimbra, 1982.

____. *Direito constitucional e teoria da Constituição*. 3. ed. Coimbra: Almedina, 1999.

____. Civilização do direito constitucional ou constitucionalização do direito civil? A eficácia dos direitos fundamentais na ordem jurídico-civil do direito pós-moderno. In: GRAU, Eros Roberto; GUERRA FILHO, Willis Santiago (Org.). *Direito constitucional*: estudos em homenagem a Paulo Bonavides. São Paulo: Malheiros, 2001.

____. *Direito constitucional e teoria da Constituição*. 7. ed. Coimbra: Almedina, 2003.

CARVALHO, José Murilo de. *Cidadania no Brasil*: o longo caminho. Rio de Janeiro: Civilização Brasileira, 2004.

CATTONI DE OLIVEIRA, Marcelo Andrade. *Direito constitucional.* Belo Horizonte: Mandamentos, 2002.

CITTADINO, Gisele. *Pluralismo, direito e justiça distributiva.* 3. ed. Rio de Janeiro: Lumen Juris, 2004.

CLÈVE, Clèmerson Merlin. *A fiscalização abstrata da constitucionalidade no direito brasileiro.* 2. ed. São Paulo: RT, 2000.

COELHO, Inocêncio Mártires. *Interpretação constitucional.* Porto Alegre: Safe, 1997.

____ et al. *Hermenêutica constitucional e direitos fundamentais.* Brasília: Brasília Jurídica, 2000.

COMANDUCCI, Paolo. Formas de (neo)constitucionalismo. In: CARBONELL, Miguel (Org.). *Neoconstitucionalismo(s)?* Madri: Trotta, 2003.

COMPARATO, Fábio Konder. *A afirmação histórica dos direitos humanos.* São Paulo: Saraiva, 2004.

CRUZ, Álvaro Ricardo de Souza. *O direito à diferença*: as ações afirmativas como mecanismo de inclusão social de mulheres, negros, homossexuais e pessoas portadoras de deficiência. Belo Horizonte: Del Rey, 2003.

CRUZ, Luis M. *La constituición como orden de valores*: problemas jurídicos y políticos. Un estúdio sobre los orígenes del neoconstitucionalismo. Granada: Comares, 2005.

CUNHA, José Ricardo. *Direitos humanos numa perspectiva pós-moderna?* Mimeo.

DORNELLES, João Ricardo W. Notas sobre a fundamentação jurídico-filosófica dos direitos humanos. *Direito, Estado e Sociedade*, Departamento de Ciências Jurídicas da PUC-Rio, n. 1, 2. ed., p. 36, jul./dez. 1991.

DWORKIN, Ronald. *Levando os direitos a sério.* Trad. Nelson Boeira. São Paulo: Martins Fontes, 2002.

FARIAS, Edilsom Pereira de. *Colisão de direitos*. Porto Alegre: Safe, 1996.

FELDENS, Luciano. *Tutela penal de interesses difusos e crimes do colarinho branco*: por uma legitimação da atuação do Ministério Público – uma investigação à luz dos valores constitucionais. Porto Alegre: Livraria do Advogado, 2002.

FERRAJOLI, Luigi. *Derechos y garantias*: la ley del más débil. Madri: Trotta, 2004.

FERREIRA FILHO, Manoel Gonçalves. *Direitos humanos fundamentais*. São Paulo: Saraiva, 1995.

FIORANELLI JÚNIOR, Adelmo. Desenvolvimento e efetividade dos direitos sociais. *Revista da Procuradoria Geral do Estado de São Paulo*, São Paulo, p. 13-35, jun. 1994.

GALDINO, Flávio. O custo dos direitos. In: TORRES, Ricardo Lobo (Org.). *Legitimação dos direitos humanos*. Rio de Janeiro: Renovar, 2002.

_____. *Introdução à teoria dos custos dos direitos*: direitos não nascem em árvores. Rio de Janeiro: Lumen Juris, 2005.

GAVARA DE CARA, Juan Carlos. *Derechos fundamentales y desarrollo legislativo*. Madri: Centro de Estudios Constitucionales, 1994.

GÉNY, François. *Méthode d'interprétation et sources em droit prive positif*: essai critique. 2. ed. Paris: Librairie Générale de Droit et de Jurisprudence, 1919.

GOUVÊA, Marcos Maselli. *O controle judicial das omissões administrativas*: novas perspectivas de implementação dos direitos prestacionais. Rio de Janeiro: Forense, 2003.

GRAU, Eros Roberto. *A ordem econômica na Constituição de 1988*: interpretação e crítica. 3. ed. São Paulo: Malheiros, 1997.

_____. Os princípios e as regras jurídicas. In: _____. *A ordem econômica na Constituição de 1988*: interpretação e crítica. 6. ed. São Paulo: Malheiros, 2001.

GUASTINI, Ricardo. La "constitucionalización" del ordenamiento jurídico: el caso italiano. In: CARBONELL, Miguel. (Org.). *Neoconstitucionalismo(s)?* Madri: Trotta, 2005.

GUERRA, Isabella Franco; PEIXINHO, Manoel Messias (Org.). Os princípios da Constituição de 1988. Rio de Janeiro: Lumen Juris, 2001.

GUTMAN, Amy (Ed.). *Multiculturalism*: examining "the politcs of recognition". Princeton: Princeton University Press, 1994.

HÄBERLE, Peter. *Hermenêutica constitucional*: a sociedade aberta dos intérpretes da Constituição. Contribuição para a interpretação pluralista e "procedimental" da Constituição. Trad. Gilmar F. Mendes. Porto Alegre: Safe, 1997.

_____. *Libertad, igualdad, fraternidad*: 1789 como historia, actualidad y futuro del Estado constitucional. Madri: Trotta, 1998.

HABERMAS, Jürgen. *Direito e democracia*: entre facticidade e validade. 2. ed. Trad. Flávio Beno Siebeneichler. Rio de Janeiro: Tempo Brasileiro, 2003. v. 1 e v. 2.

_____. *A inclusão do outro*: estudos de teoria política. 2. ed. São Paulo: Loyola, 2004.

HESSE, Konrad. *A força normativa da Constituição*. Trad. Gilmar F. Mendes. Porto Alegre: Safe, 1991.

HOLMES JR., Oliver Wendell. *La senda del derecho*. Buenos Aires: A. Perrot, 1975.

HOLMES, Stephen; SUNSTEIN, Cass. *The cost of rights*: why liberty depends on taxes. Nova York; Londres: W. W. Norton & Co., 1999.

KÄGI, Werner. *La Constitución como ordenamiento jurídico fundamental del Estado*: investigaciones sobre las tendencias desarolladas en el moderno derecho constitucional. Estudo preliminar de Francisco Fernandéz Segado. Trad. Sergio Diaz Ricci y Juan José Reyven. Madri: Dykinson, 2005.

KELSEN, Hans. *Teoria pura do direito*. 7. ed. São Paulo: Martins Fontes, 2006.

KRELL, Andreas Joachim. Realização dos direitos fundamentais sociais mediante controle judicial da prestação dos serviços públicos básicos (uma visão comparativa). *Revista de Informação Legislativa*, Brasília, p. 239-260, 1999.

____. *Direitos sociais e controle judicial no Brasil e na Alemanha*: os (des)caminhos de um direito constitucional comparado. Porto Alegre: Safe, 2002.

LAFER, Celso. *A reconstrução dos direitos humanos*: um diálogo com o pensamento de Hannah Arendt. São Paulo: Companhia das Letras, 1991.

LEAL, Fernando. Argumentando com o sobreprincípio da dignidade da pessoa humana. In: MELLO, Celso D. Albuquerque; TORRES, Ricardo Lobo (Org.). *Arquivos de direitos humanos*. Rio de Janeiro: Renovar, 2005.

LEIVAS, Paulo Gilberto Cogo. O direito fundamental à saúde segundo o Supremo Tribunal Federal. In: SARMENTO, Daniel; SARLET, Ingo Wolfgang (Org.). *Direitos fundamentais no Supremo Tribunal Federal*: balanço e crítica. Rio de Janeiro: Lumen Juris, 2011.

LOPES, José Reinaldo de Lima. O dilema do Judiciário no Estado social de direito. In: FARIA, José Eduardo (Org.). *Direitos humanos, direitos sociais e justiça*. São Paulo: Malheiros, 1994.

MACHADO, Hugo de Brito; MACHADO SEGUNDO, Hugo de Brito. Imunidade tributária do livro eletrônico. *Jus Navigandi*, Teresina, ano 4, n. 38, jan. 2000. Disponível em: <http://jus2.uol.com.br/doutrina/texto.asp?id=1809>. Acesso em: 8 set. 2010.

MAIA, Antonio Cavalcanti. *Prefácio*: teoria constitucional e reflexão jusfilosófica (pós-positivismo). In: SOUZA NETO, Cláudio Pereira de. *Jurisdição constitucional, democracia e racionalidade prática*. Rio de Janeiro: Renovar, 2002.

____. Diversidade cultural, identidade nacional brasileira e patriotismo constitucional. *Casa de Rui Barbosa*, Rio de Janeiro, [s.d.]. Disponível em: <www.casaruibarbosa.gov.br/dados/DOC/palestras/Diversida-

de_Cultural/FCRB_DiversidadeCulturalBrasileira_AntonioCavalcanti. pdf>. Acesso em: nov. 2012.

____; NETO, Cláudio Pereira de Souza. Os princípios de direito e as perspectivas de Perelman, Dworkin e Alexy. In: NASCIMENTO FILHO, Firly; GUERRA, Isabella Franco; PEIXINHO, Manoel Messias (Org.). *Os princípios da Constituição de 1988*. Rio de Janeiro: Lumen Juris, 2001.

MARCIAL, Danielle; ROBERT, Cinthia. *Direitos humanos*: teoria e prática. Rio de Janeiro: Lumen Juris, 1999.

MARSHALL, T. H. *Cidadania, classe social e status*. Rio de Janeiro: Zahar, 1967.

MELLO, Celso Antônio Bandeira de. Eficácia das normas constitucionais sobre justiça social. *Revista de Direito Público*, n. 57-58, p. 245 e segs., 1981.

MELLO, Celso D. Albuquerque. *Curso de direito internacional público*. 11. ed. Rio de Janeiro: Renovar, 1997. v. 1.

____. O §2º do art. 5º da Constituição Federal. In: TORRES, Ricardo Lobo (Org.). *Teoria dos direitos fundamentais*. Rio de Janeiro: Renovar, 2004.

MELLO, Cláudio Ari. *Democracia constitucional e direitos fundamentais*. Porto Alegre: Livraria do Advogado, 2004.

MENDES, Gilmar Ferreira; COELHO, Inocêncio Mártires; BRANCO, Paulo Gustavo Gonet. *Hermenêutica constitucional e direitos fundamentais*. Brasília: Brasília Jurídica, 2000.

MICHELMAN, Frank. The Constitution, social rights, and liberal political justification. *International Journal of Constitutional Law*, n. 13, 2003.

MIGUEL, Alfonso Ruiz. Derechos liberales y derechos sociales. *Doxa*: cuadernos de filosofía del derecho, Alicante, v. 15-16, p. 652, 1994.

MIRANDA, Jorge. *Manual de direito constitucional*. 4. ed. Coimbra: Coimbra, 2000. t. IV.

____. *Teoria do Estado e da Constituição*. Rio de Janeiro: Forense, 2002.

MONTESQUIEU, Charles. *Do espírito das leis*. São Paulo: Abril Cultural, 1973.

MORAES, Maria Celina Bodin de. Constituição e direito civil: tendências. *Revista Direito, Estado e Sociedade*, Rio de Janeiro, n. 15, p. 95-113, ago./dez. 1999.

MORESO, José Juan. Conflictos entre principios constitucionales. In: CARBONELL, Miguel (Org.). *Neoconstitucionalismo(s)?* Madri: Trotta, 2003.

MÜLLER. Friedrich. *Métodos de trabalho do direito constitucional*. Trad. Peter Naumann. São Paulo: Max Limonad, 2000.

NOVAIS, Jorge Reis. *As restrições aos direitos fundamentais não expressamente autorizadas pela Constituição*. Coimbra: Coimbra, 2003.

____. *Direitos fundamentais*: trunfos contra a maioria. Coimbra: Coimbra, 2006.

OLIVEIRA JÚNIOR, José Alcebíades de. *Teoria jurídica e novos direitos*. Rio de Janeiro: Lumen Juris, 2000.

PECES-BARBA MARTÍNEZ, Gregorio. *Curso de derechos fundamentales*. Madri: Universidade Carlos III, 1999.

PEREIRA, Jane Reis Gonçalves. Apontamentos sobre a aplicação das normas de direito fundamental nas relações jurídicas entre particulares. In: BARROSO, Luís Roberto (Org.). *A nova interpretação constitucional*: ponderação, direitos fundamentais e relações privadas. Rio de Janeiro: Renovar, 2003.

____. *Interpretação constitucional e direitos fundamentais*: uma contribuição ao estudo das restrições aos direitos fundamentais na perspectiva da teoria dos princípios. Rio de Janeiro: Renovar, 2006.

PEREZ-LUÑO, Antonio Enrique. *Los derechos fundamentales*. Madri: Tecnos, 2004.

PIOVESAN, Flávia. *Direitos humanos e o direito constitucional internacional*. São Paulo: Max Limonad, 1997.

_____. A Constituição brasileira de 1988 e os tratados internacionais de proteção aos direitos humanos. In: ARAÚJO, Nadia de; BOUCAULT, Carlos Eduardo de Abreu (Org.). *Os direitos humanos e o direito internacional*. Rio de Janeiro: Renovar, 1999.

_____. A universalidade e a indivisibilidade dos direitos humanos: desafios e perspectivas. In: BALDI, César Augusto (Org.). *Direitos humanos na sociedade cosmopolita*. Rio de Janeiro: Renovar, 2004.

REGONINI, Glória. Estado do bem-estar. In: BOBBIO, Norberto et al. *Dicionário de política*. 5. ed. Trad. Carmem C. Varriale et al. Brasília: UnB, 2004.

RUSCHEL, Ruy Ruben. A eficácia dos direitos sociais. *Revista da Associação dos Juízes do Rio Grande do Sul (Ajuris)*, n. 58, 1993.

SAMPAIO, José Adércio Leite; SOUZA CRUZ, Álvaro Ricardo (Org.). *Hermenêutica e jurisdição constitucional*. Belo Horizonte: Del Rey, 2001.

SANTIAGO DANTAS, F. S. Igualdade perante e lei e *due process of law*. *Revista Forense*, Rio de Janeiro, abr. 1948.

SANTOS, Boaventura de Sousa; AVRITZER, Leonardo. Para ampliar o cânone democrático. In: SANTOS, Boaventura de Sousa (Org.). *Democratizar a democracia*: os caminhos da democracia participativa. Rio de Janeiro: Civilização Brasileira, 2002.

SARAIVA, Paulo Lopo. *Garantia constitucional dos direitos sociais no Brasil*. Rio de Janeiro: Forense, 1983.

SARLET, Ingo Wolfgang. Direitos fundamentais e direito privado: algumas considerações em torno da vinculação dos particulares aos direitos fundamentais. In: _____ (Org.). *A Constituição concretizada*. Porto Alegre: Livraria do Advogado, 2000.

_____. A problemática dos direitos fundamentais sociais como limites materiais ao poder de reforma da Constituição. In: _____ (Org.). *Direitos fundamentais sociais*: estudos de direito constitucional, internacional e comparado. Rio de Janeiro: Renovar, 2003a.

_____. *Constituição, direitos fundamentais e direito privado*. Porto Alegre: Livraria do Advogado, 2003b.

_____. *Direitos fundamentais sociais*: estudos de direito constitucional, internacional e comparado. Rio de Janeiro: Renovar, 2003c.

_____ (Org.). *A eficácia dos direitos fundamentais*. 4. ed. Porto Alegre: Livraria do Advogado, 2004a.

_____. *Dignidade da pessoa humana e direitos fundamentais na Constituição Federal de 1988*. 3. ed. rev. atual. e ampl. Porto Alegre: Livraria do Advogado, 2004b.

_____. Direitos fundamentais e cláusulas pétreas: os direitos fundamentais sociais e o problema de sua proteção contra o poder de reforma na Constituição de 1988. In: SAMPAIO, José Adércio Leite (Coord.). *Quinze anos de Constituição*. Belo Horizonte: Del Rey, 2004c.

_____. Direitos fundamentais sociais e proibição de retrocesso: algumas notas sobre o desafio da sobrevivência dos direitos sociais num contexto de crise. *(Neo)Constitucionalismo. Ontem os Códigos, Hoje as Constituições*: revista do Instituto de Hermenêutica Jurídica, Porto Alegre, n. 2, p. 121-168, 2004d.

_____. O direito fundamental à moradia na Constituição: algumas anotações a respeito de seu contexto, conteúdo e possível eficácia. In: SAMPAIO, José Adércio Leite (Org.). *Crise e desafios da Constituição*. Belo Horizonte: Del Rey, 2004e.

SARMENTO, Daniel. Direitos sociais e globalização: limites ético-jurídicos para o realinhamento constitucional. *Revista de Direito Administrativo*, n. 223, p. 153-168, 2001.

_____. *A ponderação de interesses na Constituição Federal*. 2. tir. Rio de Janeiro: Lumen Juris, 2002.

_____. A vinculação dos particulares aos direitos fundamentais no direito comparado e no Brasil. In: BARROSO, Luís Roberto (Org.).

A nova interpretação constitucional: ponderação, direitos fundamentais e relações privadas. Rio de Janeiro: Renovar, 2003.

_____. *Direitos fundamentais e relações privadas*. Rio de Janeiro: Lumen Juris, 2004a.

_____. Os princípios constitucionais e o pós-positivismo. In: SARMENTO, Daniel. *Direitos fundamentais e relações privadas*. Rio de Janeiro: Lumen Juris, 2004b.

____ *Exigibilidade direta e indireta dos direitos sociais*. Palestra proferida na Procuradoria-Geral de Justiça do Ministério Público do Estado do Rio de Janeiro em 6 dez. 2004. Rio de Janeiro: [s.n.], 2004c.

_____ (Org.). *Interesses públicos versus interesses privados*: desconstruindo o princípio da supremacia do interesse público. Rio de Janeiro: Lumen Juris, 2005.

_____. A liberdade de expressão e o problema do *hate speech*. In: CHAVES, Cristiano (Org.). *Leituras complementares de direito civil*: o direito civil-constitucional em concreto. 2. ed. Salvador: Jus Podivm, 2009.

SAVIGNY, Friedrich Carl von. Los fundamentos de la ciencia jurídica. In: _____. *La ciencia del derecho*, s.t. Buenos Aires: Losada, 1949.

SCHULTE, Bernd. Direitos fundamentais, segurança social e proibição de retrocesso. In: SARLET, Ingo Wolfgang (Org.). *Direitos fundamentais sociais*: estudos de direito constitucional, internacional e comparado. Rio de Janeiro: Renovar, 2003.

SGARBI, Adrian. *Clássicos de teoria do direito*. Rio de Janeiro: Lumen Juris, 2006.

SILVA, Luís Virgílio Afonso da. O proporcional e o razoável. *Revista dos Tribunais*, São Paulo, ano 91, v. 798, p. 6-32, abr. 2002.

_____. Princípios e regras: mitos e equívocos acerca de uma distinção. *Revista Latino-Americana de Estudos Constitucionais*, v. 1, p. 607-630, 2003.

_____. *A constitucionalização do direito*: os direitos fundamentais nas relações privadas entre particulares. São Paulo: Malheiros, 2005a.

_____ (Org.). *Interpretação constitucional*. São Paulo: Malheiros, 2005b.

_____. *Direitos fundamentais, conteúdo essencial, restrições e eficácia*. São Paulo: Malheiros, 2009a.

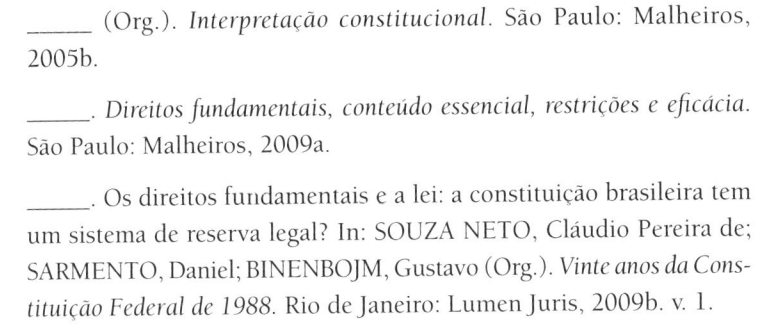

_____. Os direitos fundamentais e a lei: a constituição brasileira tem um sistema de reserva legal? In: SOUZA NETO, Cláudio Pereira de; SARMENTO, Daniel; BINENBOJM, Gustavo (Org.). *Vinte anos da Constituição Federal de 1988*. Rio de Janeiro: Lumen Juris, 2009b. v. 1.

SILVA, Paulo Thadeu Gomes da. *Os direitos humanos como limitação material ao exercício do poder constituinte originário*. Dissertação (Mestrado) – Pontifícia Universidade Católica do Rio de Janeiro, Rio de Janeiro, 1997.

SIQUEIRA CASTRO, Carlos Roberto. *O devido processo legal e a razoabilidade das leis na nova Constituição do Brasil*. Rio de Janeiro: Forense, 1989.

SOUZA NETO, Cláudio Pereira de. *Jurisdição constitucional, democracia e racionalidade prática*. Rio de Janeiro: Renovar, 2002.

STEINMETZ, Wilson. *A vinculação de particulares a direitos fundamentais*. São Paulo: Malheiros, 2004.

STRECK, Lênio. *Hermenêutica jurídica e(m) crise*. 5. ed. Porto Alegre: Livraria do Advogado, 2005.

STRUCHINER, Noel. Posturas interpretativas e modelagem institucional: a dignidade (contingente) do formalismo jurídico. In: SARMENTO, Daniel (Org.). *Filosofia e teoria constitucional contemporânea*. Rio de Janeiro: Lumen Juris, 2009.

SUSTEIN, Cass R.; VERMEULE, Adrian. Interpretation and institutions. *Michigan Law Review*, v. 101, p. 885-951, 2003.

TEPEDINO, Gustavo. O Código Civil, os chamados microssistemas e a Constituição: premissas para uma reforma legislativa. In: _____ (Coord.). *Problemas de direito civil-constitucional*. Rio de Janeiro: Renovar, 2000.

_____. *Temas de direito civil*. Rio de Janeiro: Renovar, 2006. t. II.

TORRES, Ricardo Lobo. O mínimo existencial e os direitos fundamentais. *Revista de Direito Administrativo*, Rio de Janeiro, n. 177, p. 29-49, jul./set. 1989.

_____. *Os direitos humanos e a tributação*. Rio de Janeiro: Renovar, 1995.

_____. A cidadania multidimensional na era dos direitos. In: _____. *Teoria dos direitos fundamentais*. Rio de Janeiro: Renovar, 1999.

_____. A legitimação dos direitos humanos e os princípios da ponderação e da razoabilidade. In: _____ (Org.). *Legitimação dos direitos humanos*. Rio de Janeiro: Renovar, 2002.

_____. A metamorfose dos direitos sociais em mínimo existencial. In: SARLET, Ingo Wolfgang (Org.). *Direitos fundamentais sociais*: estudos de direito constitucional, internacional e comparado. Rio de Janeiro: Renovar, 2003. p. 1-46.

_____. O mínimo existencial, os direitos sociais e a reserva do possível. In: NUNES, António José Avelãs; COUTINHO, Jacinto Nelson de Miranda (Org.). *Diálogos constitucionais*: Brasil-Portugal. Rio de Janeiro: Renovar, 2004a.

_____ (Org.). *Teoria dos direitos fundamentais*. Rio de Janeiro: Renovar, 2004b.

TRINDADE, Antonio Augusto Cançado. *Tratado de direito internacional dos direitos humanos*. Porto Alegre: Safe, 1997. v. 1.

VAZ, Miguel Afonso. Lei e reserva de lei: a causa da lei na Constituição portuguesa de 1976. Tese (Doutorado) – Universidade Católica Portuguesa, Porto, 1992. p. 383 e segs.

VIEHWEG, Theodor. *Tópica y filosofia del derecho*. Trad. Jorge M. Seña. Barcelona: Gedisa, 1991.

VIEIRA, Oscar Vilhena. *A Constituição e sua reserva de justiça*: um ensaio sobre os limites materiais ao poder de reforma. São Paulo: Malheiros, 1999.

_____. A gramática dos direitos humanos. *Revista do Ilanud*, São Paulo, n. 17, 2001.

ZAGREBELSKY, Gustavo. *El derecho dúctil*: ley, derechos, justicia. 3. ed. Trad. Marina Gascón. Madri: Trotta, 1999.

_____. *Historia y Constitución*. Trad. Miguel Carbonell. Madri: Trotta, 2005.

Organizadores

Na contínua busca pelo aperfeiçoamento de nossos programas, o Programa de Educação Continuada da FGV Direito Rio adotou o modelo de sucesso atualmente utilizado nos demais cursos de pós-graduação da Fundação Getulio Vargas, no qual o material didático é entregue ao aluno em formato de pequenos manuais. O referido modelo oferece ao aluno um material didático padronizado, de fácil manuseio e graficamente apropriado, contendo a compilação dos temas que serão abordados em sala de aula durante a realização da disciplina.

A organização dos materiais didáticos da FGV Direito Rio tem por finalidade oferecer o conteúdo de preparação prévia de nossos alunos para um melhor aproveitamento das aulas, tornando-as mais práticas e participativas.

Joaquim Falcão – diretor da FGV Direito Rio

Doutor em educação pela Université de Génève. *Master of laws* (LL.M) pela Harvard University. Bacharel em direito pela Pontifícia Universidade Católica do Rio de Janeiro (PUC-Rio).

Diretor da Escola de Direito do Rio de Janeiro da Fundação Getulio Vargas (FGV Direito Rio).

Sérgio Guerra – vice-diretor de pós-graduação da FGV Direito Rio

Doutor e mestre em direito. Professor titular da FGV Direito Rio (graduação e mestrado), na qual ocupa o cargo de vice-diretor de pós-graduação (*lato e stricto sensu*). Diretor-executivo da *Revista de Direito Administrativo (RDA)* e coordenador do mestrado profissional em Poder Judiciário. Possui pós-graduação (especialização) em direito ambiental, direito processual civil e direito empresarial e cursos de educação continuada na Northwestern School of Law e na University of California – Irvine.

Rafael Almeida – coordenador-geral de pós-graduação

Doutorando em políticas públicas, estratégias e desenvolvimento pelo Instituto de Economia da UFRJ. *Master of laws* (LL.M) em *international business law* pela London School of Economics and Political Science (LSE). Mestre em regulação e concorrência pela Universidade Candido Mendes (Ucam). Formado pela Escola de Magistratura do Estado do Rio de Janeiro (Emerj). Bacharel em direito pela UFRJ e em economia pela Ucam.

Colaboradores

Os cursos de pós-graduação da FGV Direito Rio foram realizados graças a um conjunto de pessoas que se empenhou para que eles fossem um sucesso. Nesse conjunto bastante heterogêneo, não poderíamos deixar de mencionar a contribuição especial de nossos professores e pesquisadores em compartilhar seu conhecimento sobre questões relevantes ao direito. A FGV Direito Rio conta com um corpo de professores altamente qualificado que acompanha os trabalhos produzidos pelos pesquisadores envolvidos em meios acadêmicos diversos, parceria que resulta em uma base didática coerente com os programas apresentados.

Nosso especial agradecimento aos colaboradores da FGV Direito Rio que participaram deste projeto:

Adriana Lacombe Coiro

Bacharel em direito pela FGV Direito Rio, com semestre cursado na Universidade de Harvard. Pesquisadora da FGV Direito Rio.

Ana Paula de Barcellos

Mestre e doutora em direito público pela Faculdade de Direito da Universidade do Estado do Rio de Janeiro (Uerj). Professora adjunta de direito constitucional da Faculdade de Direito da Uerj. Sócia do escritório de advocacia Luís Roberto Barroso & Associados.

Arthur Rodrigues

Professor e advogado. Mestre pela Universidade do Estado do Rio de Janeiro (Uerj), ele também é LL.M. pela Universidade de Michigan. Autor de *Etanol: aspectos jurídicos, econômicos*, dedica-se ao estudo do direito econômico, da energia e societário. Trabalhou na própria Uerj, na Universidade Federal de Juiz de Fora, na Fundação Getulio Vargas e na Universidade de Michigan.

Enzo Bello

Doutor em direito pela Uerj. Mestre em ciências jurídicas pela PUC-Rio. Graduado em ciências jurídicas e sociais pela UFRJ. Professor adjunto da Faculdade de Direito da Universidade Federal Fluminense (UFF). Professor do Programa de Pós-Graduação em Direito (mestrado) da Universidade de Caxias do Sul (UCS). Tem experiência na área de direito, com ênfase em direito constitucional, teoria do Estado e direitos humanos, atuando principalmente nos seguintes temas: cidadania, direitos humanos, direito e marxismo, teoria crítica e constitucionalismo latino-americano.

Fernando Leal

Doutorando em direito pela Christian-Albrechts-Universität zu Kiel (Alemanha) e em direito público pela Universidade do

Estado do Rio de Janeiro (Uerj), instituição pela qual é também mestre em direito público e graduado. Atualmente é professor e coordenador adjunto do Centro de Justiça e Sociedade (CJUS) da FGV Direito Rio.

Rafael Koatz

Graduado e mestre em direito público pela Uerj. Foi professor contratado da Faculdade de Direito da Uerj e da pós-graduação *lato sensu* do Ceped-Uerj. Atuou também como advogado nos escritórios Trench, Rossi e Watanabe Advogados e Andrade & Fichtner Advogados, e como assessor do desembargador Agostinho Teixeira de Almeida Filho no Tribunal de Justiça do Estado do Rio de Janeiro. Desde 2008, é professor da Faculdade de Direito da Fundação Getulio Vargas (FGV Direito Rio) e sócio do escritório Binenbojm, Gama & Carvalho Britto Advocacia. Atualmente, cursa o doutorado em direito público na Uerj.

Renata da Silva França

Graduada em letras, com habilitação em português e literaturas de língua portuguesa na UFF. Pós-graduanda em literatura infantojuvenil pela UFF. Atua como revisora do material didático dos cursos de extensão e especialização da FGV Direito Rio.

Sabrina Pereira de Freitas

Pós-graduada em direito público e tributário na Ucam. Pós-graduada em direito tributário pela FGV. Graduada em direito pela Universidade Estácio de Sá. Atua em advocacia de empresas nas áreas de direito civil, constitucional, administrativo, tributário e consumidor. Tem experiência em implantação de advocacia preventiva em empresas, bem como em formação e treinamento de equipes em setor jurídico, além de vivência profissional em direito previdenciário. Pesquisadora e assistente de ensino em direito constitucional na FGV.

Teresa Cristina Tschepokaitis Olsen

Mestre em teoria do Estado e direito constitucional pela PUC-Rio. Bacharel em direito pela PUC-Rio. É monitora e pesquisadora da pós-graduação em direito do Estado e da regulação da FGV Direito Rio e assessora jurídica do Ministério Público do Estado do Rio de Janeiro.